The Japanese Association of Financial Econometrics and Engineering

ジャフィー・ジャーナル | 金融工学と市場計量分析

ファイナンスにおける
数値計算手法の新展開

日本金融・証券計量・工学学会 ◉編集
今井潤一　山田雄二　中妻照雄 [編集委員]

朝倉書店

は　し　が　き

　JAFEE（日本金融・証券計量・工学学会）は，広い意味での金融資産価格や実際の金融的意思決定に関わる実証的領域を研究対象とし，産学官にわたる多くのこの領域の研究・分析者が自由闊達な意見交換，情報交換，研究交流および研究発表するための学術的組織として，1993年4月の設立以来，日本国内の研究水準を国際的水準に高めることを目標として積極的な活動を行ってまいりました．2015年度は，8月に中央大学で夏季大会が，そして2016年1月には慶應義塾大学で冬季大会が開催されました．また，2015年11月にはコロンビア大学にて，第11回目となるColumbia-JAFEE meetingsも開催され，JAFEEに所属する会員とコロンビア大学の研究者との交流も行われました．いずれの研究大会でも数理ファイナンス的な理論研究から，工学的な貢献を目指しているフィナンシャルエンジニアリングの研究，そして統計的手法を駆使した実証分析と様々な研究が報告され，JAFEEらしい多様性を感じさせるものでした．加えてさらなる国際化を進めるために英語版のJAFEEウェブサイトも公開されています．

　本書は，JAFEEの和文機関誌であるジャフィー・ジャーナルの第15巻です．JAFEEが出版する和文誌ジャーナルは，1995年9月に第1巻目が発行されて以来，これまで様々な切り口で特集テーマを設定し，論文を募集，審査，出版してきました．今回は，『ファイナンスにおける数値計算手法の新展開』をテーマとして特集を組みました．ファイナンス研究にとって，解析的なアプローチと数値計算手法を用いたアプローチは，車の両輪のように，ともに必要不可欠な存在です．情報技術の発展によって，計算機の利用を前提としたさまざまな数値計算手法を用いた研究は，ファイナンス研究に限らず，様々な分野で，よ

り一層重要度を増してきていると思われます．金融分野における数値計算手法は，単に理論モデルから導かれる結果を実際に効率的に計算するというだけにとどまりません．解析的な分析が困難で，これまで解釈が不可能であった研究領域や，ビックデータのように膨大なデータを分析する必要のある研究領域において，数値計算手法の発達は，新たな知見を生み出し，それがさらなる理論研究を推し進めるという好循環をも生み出してきています．

厳正な査読審査の結果，本書では特集テーマから4件の論文を，そして一般論文として2件の論文を採択しました．いずれの論文も先端的なテーマ，新たな分析手法，これまでにない実証結果の導出を試みており，ファイナンス研究に従事している専門家から，実務家まで幅広い読者の興味に応えられる論文集であると考えております．

特集論文
1. 「ニュースを用いた CSR 活動が株価に与える影響の分析」（五島圭一・高橋大志）
2. 「分位点回帰による期待ショートフォール最適化とポートフォリオ選択」（高梨耕作・中島湧生・中妻照雄）
3. 「媒介変数表現に基づく JEPX スポット電力供給・需要関数の推定」（山田雄二・牧本直樹・高嶋隆太・後藤順哉）
4. 「ティックデータを用いた株式市場における約定予測」（杉浦 航・中妻照雄）

一般論文
5. 「国内高速3株式市場間の注文板形成の先行遅行関係分析」（林 高樹）
6. 「小企業の EL 推計における業歴の有効性」（尾木研三・戸城正浩・枇々木規雄）

2016 年 2 月

チーフエディター：今井潤一
アソシエイトエディター：山田雄二・中妻照雄

目　　次

はしがき

序論　特集「ファイナンスにおける数値計算手法の新展開」
　　　……………………………………………今井潤一　1

特集論文
1　ニュースを用いたCSR活動が株価に与える影響の分析
　　　………………………………五島圭一・高橋大志　8
　　　1　はじめに　8
　　　2　データ　13
　　　3　分析方法　15
　　　4　分析結果　20
　　　5　まとめ　26
　　　付録　筆者らによって分類したニュース記事例　32

2　分位点回帰による期待ショートフォール最適化と
　　ポートフォリオ選択
　　　…………………高梨耕作・中島湧生・中妻照雄　36
　　　1　はじめに　36
　　　2　分位点回帰　38
　　　3　分位点回帰からES最適化問題へ　41
　　　4　実証研究　43
　　　5　おわりに　56
　　　付録　分位点回帰係数の推定量と最適投資比率の一致性　57

3 媒介変数表現に基づくJEPXスポット電力供給・需要関数の推定
........................山田雄二・牧本直樹・高嶋隆太・後藤順哉　64
- 1　はじめに　64
- 2　供給・需要関数の媒介変数表示と推定の基本的考え方　67
- 3　実証分析1：単調化の影響分析と線形モデルとの比較　74
- 4　実証分析2：約定率に基づく推定手法との比較　82
- 5　まとめと今後の課題　91

4 ティックデータを用いた株式市場における約定予測
....杉浦 航・中妻照雄　94
- 1　序論　95
- 2　マーケットマイクロストラクチャー　98
- 3　提案モデル　106
- 4　実証分析　115
- 5　結論　123

一般論文

5 国内高速3株式市場間の注文板形成の先行遅行関係分析
....林 高樹　128
- 1　研究の背景　129
- 2　国内高速3市場の概要およびデータセット　131
- 3　分析の方法論　134
- 4　実証分析結果　141
- 5　結言　152

6 小企業のEL推計における業歴の有効性
........................尾木研三・戸城正浩・枇々木規雄　156
- 1　はじめに　157
- 2　PDとLGDの相関の確認　160
- 3　PDとLGDの共通ファクターが業歴であることの検証　166

4　EL 推計における業歴の有効性　　170
　　　5　まとめと今後の課題　　173
　　補論　景気後退期における PD と LGD の相関　　174

『ジャフィー・ジャーナル』投稿規定　　179
役員名簿　　181
日本金融・証券計量・工学学会（ジャフィー）会則　　182

特集「ファイナンスにおける数値計算手法の新展開」

特集号世話人
今　井　潤　一

　情報技術の飛躍的な発展は，金融産業のみならず多くの企業活動に大きな影響を及ぼしています．ムーアの法則として知られているとおり，ハードウェアの性能は激しいスピードで向上していますし，ソフトウェアの向上により，かつては専門家のみに利用が限られていた並列コンピューティングも以前に比べると容易に利用可能となりました．

　このような情報技術の発展は，ファイナンス研究において計算機の利用を前提とした数値計算手法の重要性と可能性をかつてないほど高めています．もちろん，その他多くの学問分野と同じく，ファイナンス分野においても解析的アプローチの重要性が小さくなることはありません．しかし，解析的アプローチが，しばしば本質的な現象を捉えるためにモデルを単純化するのに対し，数値的なアプローチでは現実の複雑で多元的な現象をありのまま受け入れ，解析解が存在しない問題の分析が可能となります．数値計算的なアプローチを用いることで，例えば，リターンの非正規性や，複数資産の非線形な依存性を取り入れた金融モデルなどを効率的に取り扱うことができます．また，ベイジアンアプローチの実務への普及は，情報技術の発展と密接な関係があることが知られています．

　ただし，数値計算を行うときには，解析的な分析と異なり，計算時間や計算結果の精度の検証など，数値計算特有の問題を注意深く検討する必要があります．特に，新しいテーマにおいて数値計算的なアプローチを採用する場合には，正しく利用するためにその利点とともに限界点の分析をすることが欠かせません．

今回のジャフィー・ジャーナルではこのような問題意識のもと,「ファイナンスにおける数値計算手法の新展開」をテーマとして特集を企画し,論文を募集いたしました.その結果,厳正な審査を経て4編の論文が特集号として採択されました.また,同時期に投稿された一般論文も,今回の特集号にふさわしい論文でしたので合わせてご紹介します.

(1)「ニュースを用いたCSR活動が株価に与える影響の分析」(五島・高橋)

本論文は,企業の社会的責任(Corporate Social Responsibility, CSR)活動がニュースに報じられた際に,企業価値にどのような影響があるかを定量的に明らかにしています.著者らは,QUICKニュースのデータを用いて,大量のニュースデータからCSR関連の記事を抜き出し,記事のテキストマイニングを行い,その内容を肯定的であるか,あるいは否定的であるかを判定しています.そして,論文内では特にCSRにネガティブだと考えられるニュース配信される以前の企業価値が,配信前後の期間にどのように変化するかを,イベントスタディの枠組みを用いて検証しています.実証分析の結果,社会的責任を果たしていないと報道される企業群については,の報道がある2週間以上前から企業価値が大きく毀損されていること,また発表後も継続して下落している事実を明らかにしています.

特集のテーマである数値計算手法の観点から見ると,辞書による記事分類と機械学習における記事分類の効果を比較分析し,機械学習の持つ可能性を明らかにしたところに一つの大きな貢献があると考えられます.

(2)「分位点回帰による期待ショートフォール最適化とポートフォリオ選択」(高梨・中島・中妻)

本論文では,ポートフォリオの期待ショートフォールに関する多期間最適化手法として,先行研究の手法に分位点回帰を用いたValue at Risk(VaR)の計測を取り入れた手法を提案しています.そして,バックテストを通じて,本論文で提案された新たな手法と従来の手法の差を比較分析しています.論文にも書かれている通り,伝統的な平均分散アプローチでは見逃しがちであった,資

産収益率の裾部分の挙動を適切に把握することは，金融実務にとっても早急に取り組むべき課題であると考えられます．論文では，分位点回帰に基づく変動する VaR の推定と期待ショートフォール最適化に基づくポートフォリオ選択という2つの問題を同時に実行するモデルを提案することで，問題解決のための一つのアプローチを提供しているといえます．

(3)「媒介変数表現に基づく JEPX スポット電力供給・需要関数の推定」（山田・牧本・高嶋・後藤）

本論文では，買い入札総量，売り入札総量に関する媒介変数を用いて JEPX スポット電力の供給・需要関数を表現した上で，媒介変数表現された供給・需要関数が，約定量もしくは約定価格を従属変数，買い入札総量，売り入札総量を独立変数とする一般化加法モデル（GAM）を適用することによって構築されることを明らかにすることを試みています．このアイディアは，卸電力取引の市場を提供する目的で 2003 年 11 月に設立された日本卸電力取引所（JEPX）が，各時間帯におけるスポット電力の約定量と約定価格に加えて，売り入札，買い入札の総量を各商品についても公開している事実に着目したことから得られています．ノンパラメトリック回帰の一つである一般化加法モデルが，従来多くの研究で用いられてきた線形モデルや，既存の約定率に基づく推定手法と比較して，実証的に優位性を確認したことが本論文の主たる貢献と考えられます．また，今後わが国でも重要性を増していくであろうと考えられている電力関連市場の実証結果をまとめた研究として評価されるべき研究であると考えられます．

(4)「ティックデータを用いた株式市場における約定予測」（杉浦・中妻）

本論文は，金融市場における約定予測，すなわち次の約定までの時間，および約定方向性最良買気配での約定か最良売気配での約定かといったことを目的として，約定時間の予測モデル，約定価格の予測モデルの2つの要素から成る新たなモデルを提案しています．近年話題となっている超高速・高頻度取引（High Frequency Trading, HFT）と，そこから生まれるティックデータを用

いた実証研究は，JAFEE 大会はもちろん，その他数多くの金融工学関連の研究大会で近年数多くの研究発表がなされているホットな分野といえます．論文では，第1の要素である約定時間の予測モデルに関しては，条件付きデュレーション（取引間隔）モデルを提案しています．また，第2の要素である約定価格の予測モデルに関しては，約定の系列相関，いわゆる"連"の長さ，を明示的に取り入れたノンパラメトリックなモデルを用いて，粒子フィルタを使ったモデル推定を行うことを提案しています．このように問題を分析する上でいくつかの重要なモデルをうまく組み合せることで，"ビッド・アスク・クラスタリング"現象（短時間の約定高頻度時系列データで知られている stylized fact の一つ）を利用している点が本研究の大きな貢献と考えられます．

(5)「国内高速3株式市場間の注文板形成の先行遅行関係分析」（林）

本特集号の(4)と同様に，本論文もティックデータを用いた実証分析のカテゴリーに含まれます．本論文は，同じ株式がの取引が，国内の異なるシステムを持つ市場で同時に取引されていることに着目しています．実際，わが国においては，主市場である東京証券取引所に加えて，2つの私設証券取引所（チャイエックスとジャパンネクスト PTS）の合計3市場で取引されている銘柄が存在しています．本論文では，これら3市場における注文板形成の先行遅行関係の存在や，その大きさを実証的に調査することを目的としています．本研究では，まず，生のデータに含まれる新規注文や取り消し，約定等のイベント発生順に不等間隔に並べられた注文板の情報をマイクロプライスと呼ばれるデータに処理し，そのうえで，様々な観点から実証分析を行っています．本研究で得られた実証分析の結果は，日本市場の HFT の現状を理解する助けとなるだけでなく，マーケットマイクロストラクチャーを議論する上での貴重な情報源になると考えられます．

(6)「小企業の EL 推計における業歴の有効性」（尾木・戸城・枇々木）

一般論文として投稿された本論文は，日本政策金融公庫国民生活事業本部が保有する約63万社の小企業のデータを用いて，期待損失（Expected Loss, EL）

に関する実証分析を行っています．期待損失は，デフォルト率（Probability of Default, PD）とデフォルト時の損失率（Loss Given Default）の積で表現することができます．本論文では，この2つの指標が必ずしも独立ではないことに着目し，PD と LGD の相関についての綿密な検証を行っています．実証分析の結果，担保付融資については相関が発見できなかった一方，無担保無保証融資については正の相関を統計的に確認でき，この相関が業歴を共通ファクターとする疑似相関であることを明らかにしました．本研究のような膨大なデータを用いた倒産関連研究は，数少ないのが現状であり，本研究の分析結果は今後，現実の信用リスクのマネジメントにおいて重要な示唆を与えています．

特集論文

1 ニュースを用いた CSR 活動が株価に与える影響の分析 *

五島圭一・高橋大志

概要 本研究は，日本株式市場を対象とし，CSR 活動が株価に与える影響について分析したものである．CSR 活動は従来より多くの関心を集めているが，CSR 活動とマーケットの関連性については，これまで明確な結論に至っていない．そこで本研究では，ニュースデータを用いて，機械学習による方法論と辞書による方法論の 2 種類のテキストマイニング手法によってニュース記事を分類し，イベントスタディ分析を行うことによって，CSR 活動が株価に与える影響について分析を行った．分析の結果，(1) 社会的責任を果たしているとするニュースについて，ニュース発信日において，ニュース記事と関連する企業の株価が統計的に有意にプラスになること，一方で，(2) 社会的責任を果たしていないとするニュースについて，ニュース発信日と翌営業日において，ニュース記事と関連する企業の株価が統計的に有意にマイナスになることが示された．さらに，(3) CSR に関するニュース記事の内容によって，統計的に有意に株価に異なる影響を与えていることが示された．また，(4) 機械学習による分類と辞書による分類の 2 つの分析手法によって，日本語のニュース記事分析を行ったところ，機械学習の方がより明確に結果が表れる可能性があることも示した．

1 はじめに

企業の意思決定ルールを明らかにするための研究対象として，企業の社会的責任活動（CSR：Corporate Social Responsibility）が企業価値に与えている

---

* 謝辞：本稿の作成にあたり，株式会社日本経済新聞社，株式会社 QUICK，株式会社金融工学研究所から研究支援を受けた．また，本研究は，JSPS 科研費基盤研究 (B) 課題番号：23310106「企業のコーポレートアクションと金融資産価格変動に関する研究」の助成を受けた．記して感謝したい．

影響を取り上げる．CSR とは，企業が社会や環境と共存し，持続可能な成長を図るため，その活動の影響について責任をとる企業行動であり，企業を取り巻く様々なステークホルダーからの信頼を得るための企業のあり方を指す[1]．日本の企業においても，CSR が重視されていることは周知であり，近年では，CSR をさらに拡張した概念として経営学者マイケル・ポーターが提唱する CSV（Creating Shared Value）が注目されている（Porter (2011)）．

　ミクロ経済学において，CSR 活動は極めて重要な役割をもつ．それは，企業による外部不経済の内部化である．各企業が機会主義的な取引行動をするのであれば，社会全体として社会余剰が減少してしまうこととなる．それを防ぐために，企業がその分余計にコストを払うことで，社会全体の余剰を最大化することが可能となる．

　一方で，CSR 活動は社会にとって価値はあるものの，活動の主体である企業やその企業に投資をする投資家，融資を行う金融機関などにとっては，本当に価値があるのか明確な結論に至っておらず，CSR 活動を行うことに対して批判も存在する．例えば，経済学者ミルトン・フリードマンは，"There is one and only one social responsibility of business — to use its resources and engage in activities designed to increase its profits so long as it stays within the rules of the game, which is to say, engages in open and free competition without deception or fraud."と論じており，企業の社会的責任は株主利益を最大化することであるとしている（Friedman (1970)）．また，CSR 活動は単にスラック資源を利用しているのみ（Slack Resource Theory）で，適切な資源配分ができていない企業に現れるものだとする見方もある（Waddock and Graves (1997)）．

　しかしながら，社会に配慮をした経営，例えば環境問題，人材活用，慈善活動などの社会的責任活動は企業にとってステークホルダーとの関係を良好にし，結果的に利益最大化に結び付くとする考え方もある．実際に環境に配慮をした企業活動は地域住民からの訴訟の確率を減らすことができ，製品の安全性や消費者重視の政策も企業利益に直結する．また従業員への配慮を怠ると離職率が高ま

---

1) 経済産業省 HP：http://www.meti.go.jp/policy/economy/keiei_innovation/kigyoukaikei/
（参照 2015-07-21）

り，優秀な人材を失うことになる．このような見方をすれば企業の社会的貢献活動は利益最大化，株主価値最大化と整合的な行動となり，ステークホルダーとの良好な関係を築くことによって評価が上がり，収益が上がるとする良い経営理論 (Good Management Theory) であるという主張もされている (Waddock and Graves (1997))．また，投資家の嗜好が，企業経営者の社会貢献に対する考えに影響を与えていると考えられている．2015 年 7 月時点において，国内の SRI ファンドの純資産額合計は，1500 億円ほどであり，日本証券市場において社会貢献に対して意欲的な投資家は一定数存在する[2]．特に，市場の不完全性から倫理的投資家グループは個人レベルで社会貢献するよりも企業レベルで社会貢献した方がより効率的と考える場合には，それらの投資家は CSR 活動を行っている企業の株を積極的に購入することによって，社会貢献を果たそうと考える．このような投資家の嗜好に合わせて，積極的に CSR 活動を行う企業の株式が購入されれば，そのような企業の株価は相対的に高くなると考えられる (Zivin (2005))．これもまた，CSR 活動を後押しする要因の一つである．

　欧米においては CSR 活動が企業業績に与える影響についてはこれまで先行研究は数多く存在し，主に会計利益や株価収益率などの指標を用いて，企業業績と社会的責任活動との間に関係性を見出している．例えば古くは，Sturdivant and Ginter (1977) では，企業業績と CSR の間に強い関連性を見出している．また，Cochran and Wood (1984) は，資産年齢を考慮したうえで CSP といくつかの会計指標との間に正の相関があるとしている．McGuire et al. (1988) では，CSR との関連性について，ROA や総資産との正の関係性はあるものの，営業利益の成長率とは負の相関があるとしている．Waddock and Graves (1997) は，米国市場を対象とし，KLD 社のスコアを用いて，会計利益 (ROA, ROE, ROS) との正の関連性を見出している．そして，CSR と企業業績の関係は双方向だと論じており，「企業業績が向上した結果，CSR 活動に取り組む」ことと「CSR 活動に取り組んだ結果，業績が良くなる」こと，どちらも起こりうるとしている．

　一方で，CSR 活動と企業業績との関連性について，否定的な研究も存在する．Vance (1975) では，CSR は企業価値向上に貢献せず，競争において不利だと

---

2) モーニングスター HP：http://www.morningstar.co.jp/ （参照 2015-07-21）

している．また，Hillman and Keim (2001) は，CSR 活動の対象が問題であるとしており，顧客や従業員など主要なステークホルダーとの良好な関係構築は株主価値向上に寄与するが，主要なステークホルダーと関連の少ない CSR 活動は株主価値にかえってマイナスになることを示している．

CSR 活動と企業業績との関連性について，日本企業を対象とした同様の研究が報告されている．豊澄 (2007) では ESG スコア（日本経済新聞社）を利用して，ROA や ROE，EVA などの経営指数との関連性を指摘している．また，首藤・竹原 (2008) は CSR 活動ダミー（パブリックリソースセンター）を用いて，会計利益や株価収益率との関連性に言及しており，特に，CSR 活動に伴う情報発信や説明責任の履行などの情報管理が重要だと論じている．Suto and Takehara (2013) では，CSR 活動はリスクを低減する効果があり，過剰投資ではないと報告している．実際に，日本政策投資銀行では，独自に企業の環境経営度を評点化し，優遇金利融資を行う「環境格付融資」を行っている事例も存在する[3]．

Webley and More (2003) によると，米国企業の 1969～1994 年の社会的（倫理的）パフォーマンスと財務パフォーマンスの関係に関する調査研究の文献調査を実施した結果，米国の 62 の調査結果のうち，企業の社会的パフォーマンスと財務パフォーマンスにはポジティブな関係があるとする調査結果は 33 件であったと報告している（経済産業省 (2004)）．また，Margolis and Walsh (2001) では過去 30 年の企業業績と社会的パフォーマンスとの関係に関する 95 の研究について，55 件の研究では正の相関があり，4 件の研究では負の相関があったと報告しており，その他にも，正と負どちらの相関もあったとする研究や相関が見られない研究も存在したと報告している．このように，CSR 活動について意義があるとする研究とないとする研究が混在しており，明確な結論には至っていない．

さらに，CSR 活動と関連した特定のイベントに焦点をあてた研究も報告されている．Klassen and McLaughlin (1996) では環境関連の賞が授与された後の企業の株価は高くなると報告している．また，社会的責任投資指標への株式銘柄

---

[3] 日本政策投資銀行 HP：http://www.dbj.jp/service/finance/enviro/index.html （参照 2015-07-21）

の組み入れに焦点をあて，イベントスタディ分析を行った研究では Domini 400 Social Index に株式銘柄が組み入れられたときと外されたときでは異常リターンがあるとしている（Becchetti et al. (2007), Ramchander et al. (2012)）．FTSE4Good UK Index への株式銘柄の組み入れにおいても，同様の報告がなされている（Curran and Moran (2007)）．他にも，Deng et al. (2013) では，M&A において CSR 活動に積極的な企業とそうでない企業では，成功率やアナウンスメントリターンに違いがあると報告されている．

近年では，企業業績との関連性だけでなく，CSR 活動がどのように企業価値に寄与するかという議論がなされている．例えば，CSR 活動は，銀行借り入れを有利にする（Gross and Robert (2011)），株主数を増やす（Hong and Kacperczyk (2009)），消費者に対して企業の名声を浸透させる（Schuler and Cording (2006)）など特定のステークホルダーを対象とした研究が進められており，企業の CSR 活動はステークホルダーとの関係を良好にすることを通じて，企業価値に貢献しているのではないかと言われている．

本来，資金調達は企業の財務状況に対して，銀行や投資家などから行われるため，企業のファンダメンタルズに依存する．しかしながら，企業が CSR 活動を行うことによって倫理的な側面をもつ投資家や銀行を積極的に呼び込むことを可能にし，資金調達を有利にすることができるのではないかと言われている．そこで本研究では，ニュースデータを用いることによって，CSR に関するニュース記事が発信された際の株価への影響について分析を試みた．CSR 活動が企業にとって有用な施策であるならば，CSR 活動に関するニュース記事が発信された際に，株式市場において反応が見られる可能性がある．社会的責任を果たしているという内容のニュースは，ニュースと関連する企業の株価に対してプラスの影響を与えるという仮説のもと，検証を行った．次節において，データに触れたのち，3 節では分析手法，4 節では分析結果を示す．5 節は，まとめである．

2 データ

2.1 証券・マーケットデータ

本研究では，CSR 活動が株価に与える影響を分析するために，個別銘柄の株価リターンとリスクファクターのデータを用いた．個別銘柄の株価データについて，Thomson Reuters Datastream からトータルリターンの日次データを用いた．また，リスクファクターリターンデータについては NPM 関連データサービスの日本版 Fama-French ベンチマークからマーケットリターン (Rm)，リスクフリーレート (Rf)，SMB ファクターリターン，HML ファクターリターンの日次データを使用した．

2.2 ニュースデータ

CSR に関するニュースデータについて，日経 QUICK ニュースを用いた．日経 QUICK ニュースについては，株式会社日本経済新聞社と株式会社 QUICK の許諾を受けて使用した．日経 QUICK ニュースは，日本経済新聞社と QUICK 社によって投資家向けに配信されるニュースである．

このニュースデータに対して，株式会社金融工学研究所が付与したタグ情報を利用した．主に利用したタグ情報は，ニュースの発信日付・ニュースの本文・対象ニュースと関連する主要企業名（証券コード）・ニュースのカテゴリである．本分析の分析期間を 2007 年 7 月 1 日から 2011 年 12 月 31 日までの 4 年半とした．また，分析期間内のニュース総数は 809,667 であり，ニュースと関連する企業数は 3,535 社であった．

表 1-1 は本分析で用いたニュースデータの各期間内におけるニュース記事数とニュース記事と関連する企業数を表したものである．また，本分析で扱う「社会的責任」というタグ情報が付与しているニュース記事数とニュース記事と関連する企業数も表している．

ニュースの総数について 2008 年，2009 年，2010 年はニュース数は 20 万前後であるが，2011 年は 113,037 と少ないことがわかる．2007 年に関しては，下

表 1-1 各期間のニュース数と関連する企業数

期間	ニュース総数	ニュースと関連する企業数
2007/07/01 - 2007/12/31	90,034	2,665
2008/01/01 - 2008/12/31	198,683	3,281
2009/01/01 - 2009/12/31	205,137	3,352
2010/01/01 - 2010/12/31	202,776	3,323
2011/01/01 - 2011/12/31	113,037	2,164
Total	809,667	3,535

期間	CSRに関するニュース総数	ニュース（CSR）と関連する企業数
2007/07/01 - 2007/12/31	127	75
2008/01/01 - 2008/12/31	196	94
2009/01/01 - 2009/12/31	177	85
2010/01/01 - 2010/12/31	145	63
2011/01/01 - 2011/12/31	65	38
Total	710	355

半期のみであるためニュース数もおおよそ半分ほどとなっている．それに付随してニュースと関連する企業数も2008年，2009年，2010年は3,300社前後であるが，2011年は2,164社と少ない結果となっている．CSRに関するニュースについても同様に，ニュース総数が多い2008年は196，2009年は177，2011年は145であるが，2007年は127，2011年は65と相対的に少ないことがわかる．

日経QUICKニュースは，日本証券市場に参加している多くの投資家が閲覧するメディアであり，新聞や雑誌のニュースに比べ，イベントからニュース発信までのラグが小さく，価格との関連性を分析するのに適していると考えた．また，分析を行う前処理として，市場休業日に発信されたニュース記事に関して，翌営業日に編入し，分析を進めた．これは，マーケットが閉まっている間に，発信されたニュース内容については，直後の営業日において，価格に反映されると仮定したためである．

CSR活動には，地域清掃や障碍者雇用などの一部のステークホルダーに対して行われる小規模のものから，発展途上国への支援や被災地への義捐金寄付など大規模なものまで，様々な規模の活動が含まれる．CSR活動の分野についても環境，雇用，教育，文化など多岐にわたっており，様々な分野の活動が行われている．そのため，企業が行うCSR活動の中にはマーケットに対して影響の小さい活動も存在すると考えられるものの，日経QUICKニュースは投資家向けに，日本経済新聞社及びQUICK社の記者やアナリストによって，スクリー

ニングが行われており，マーケットに対して相対的に重要な情報が含まれていると考えられる．日経 QUICK ニュースを用いることで，マーケットへの影響の大きい CSR 活動に関するニュースのみを扱うことが可能になると考えた．

3　分　析　方　法

本分析では，機械学習による分類と辞書による分類の 2 通りの方法論によって，CSR に関するニュース記事を分類し，それぞれニュース記事が発信された際の株価への影響について分析を試みた．ここでは，それぞれの分析方法について記述する．

3.1　機械学習による分類について

はじめに，機械学習による分析手順について，概略を記す．はじめに，(1) 日経 QUICK ニュースに付与されているタグ情報のニュースカテゴリを利用して，CSR に関連するニュース記事を抽出する．具体的には，「社会的責任」というタグ情報が付与しているニュース記事を抽出した．CSR に関連するニュース記事数は全期間で 710 であった．(2) 710 のニュース記事のうち，日付が古いものから 200 記事を取り出し，CSR に関する良いニュース，すなわち社会的責任を果たしているとするニュースとそれら以外のニュースの 2 種類のニュースに分類し [4]，クラスラベルを付与した．200 のニュース記事は 2007 年 7 月 1 日から 2008 年 5 月 27 日までの期間に配信されたものであった．(3) 200 のニュース記事を学習データとし，そこから機械学習によって分類器を作成し，インサンプルデータ（学習データ）のクラスラベルを予測し，正解率の最も高い機械学習モデルを選択する．そして，(4) 選択された分類器によって残りの 510 ニュースを CSR に関する良いニュースとそれら以外のニュースの 2 種類に分類を行った．最後に，(5) 筆者らによって分類された 200 のニュース記事と分類器によって分類された 510 のニュース記事を合わせ，タグ情報に関連する主要企業名の付与してあるニュース記事のみを用いて，株式市場におけるイ

---

[4]　学習データの分類に際しては，人手で行った．分類結果については，付録を参照．紙幅の都合上，見出しを載せているが，分析にはニュース記事本文を用いている．

ベントスタディ分析を行うことによって，CSR 活動が株価に及ぼす影響測定を試みた．

a. 文書のベクトル表現について

テキスト分析をする際には，ニュース記事をベクトル表現することが求められる．本研究では，ニュース記事を bag-of-words によってニュース記事をベクトル表現するために，形態素解析を行った．いま，ニュース記事が与えられたときに，それをベクトルで表現する場合には，ベクトルの各次元を一つの単語に対応付け，その値はニュース記事内の単語の頻度を表すことで可能となる．ニュース記事内の単語の出現頻度を計算するために，ニュース記事本文を形態素解析によって文章を形態素，つまり言語としての意味をもつ最小単位に分解した．そして，本研究においては特に，名詞，動詞，形容詞の 3 つの品詞に注目し，抽出した[5]．また，数値情報に関する名詞は除去をし，テキスト情報のみをベクトル表現している．

b. 機械学習モデルの選択について

ニュース記事分類には，ナイーブベイズ分類器，対数線形モデル，サポートベクターマシンの 3 種類の機械学習モデルを比較し，選択を行った（奥村・高村 (2010)）．

はじめに，機械学習モデルの選択基準について，記述する．上述の 3 つの機械学習モデルによる分類結果の評価方法について，分類正解率と F 値によって比較し，評価を行う．分類正解率は評価した全ニュース記事のうち，正解した割合を示す指標である．また，F 値は，精度と再現率の調和平均である．精度は，分類器による予測がどのくらい正しいかを表す値であり，再現率は実際に属するクラスのデータを分類器がどのくらい割合を予測できているかを表す値である．

ここで，筆者らによって分類した結果を示す．筆者らによる学習データ 200 のニュース記事の分類結果は，CSR に関する良いニュースとそれら以外のニュースの比率が 187:13 と偏りがあり，残りの 510 のニュース記事に関しても同様の割合に近いことが推測される．そのため，機械学習による分類器がすべてを

---

5) 日本語では，副詞や助詞，連体詞などの品詞については，ニュース記事の特徴を表す語が少ないため，除いている．

CSR に関する良いニュースと予測しても，90%近く正解してしまうことなり，分類器が正しく分類できたと誤認してしまう可能性がある．そこで，本分析では SMOTE（Synthetic Minority Over-sampling Technique）によって，学習データの割合を調整した．

SMOTE とは，学習データのクラスラベルに偏りがある不均衡データである場合，多い方のクラスラベルをもつデータに対して，アンダーサンプリングし，少ない方のクラスラベルをもつデータに対して，k-最近傍点との間の点をランダムに選んで，人工的にデータを作成し，オーバーサンプリングをする方法論である（Chawla et al. (2002))．SMOTE による調整後の CSR に関する良いニュースとそれら以外のニュースの数をそれぞれ 104 ずつにすることで，学習データの比率が 1:1 になるようにした．

本研究では，サポートベクターマシンのカーネル関数は動径基底関数カーネルを用いた．対数線形モデルについては，過学習を防ぐために L2 ノルムによる正則化を行った．また，ナイーブベイズ分類器における，あるクラスの学習データに存在しない単語を含む文書は，そのクラスに分類されないというゼロ頻度問題を解決するために，$\alpha = 2$ のディリクレ分布を事前確率分布とするラプラススムージングによって，単語出現確率の調整を行った．各機械学習モデルのハイパーパラメータについては，5 分割の交差検定を繰り返し，学習データ内の分類正解率が最も良いパラメータとしている．

c． 機械学習による分類結果

表 1-2 はナイーブベイズ分類器，対数線形モデル，サポートベクターマシンの 3 つ機械学習によって，SMOTE によって学習データの割合を調整した後のデータから作成した分類器から，インサンプルデータ（割合調整前の学習データ）を分類した結果である．

ナイーブベイズ分類器，サポートベクターマシン，対数線形モデルの分類正解率についてそれぞれ，99.5%，100%，98.5%となった．また，F 値について

表 1-2　インサンプルデータの分類結果

	分類正解率	F 値
ナイーブベイズ分類器	99.5%	0.96
サポートベクターマシン	100%	1.00
対数線形モデル	98.5%	0.90

はそれぞれ，0.96, 1, 0.90 となった．これらの結果から，インサンプルデータに対しては，サポートベクターマシンが最も良く分類できていることを示している．しかしながら，アウトオブサンプルに対する分類結果を示す表 1-3 を見ると，サポートベクターマシンは，すべてのニュース記事を CSR に関する良いニュースへと分類しており，過学習している可能性がある．そこで本分析では，次に良く分類できているナイーブベイズ分類器を用いて，アウトオブサンプルデータを分類した．

表 1-3 アウトオブサンプルデータの分類結果

	CSR に関する良いニュース	それら以外のニュース	ニュース総数
ナイーブベイズ分類器による分類	482	28	510
サポートベクターマシンによる分類	510	0	510
対数線形モデルによる分類	481	29	510
筆者らによる分類	187	13	200

そして，学習データのニュース記事について筆者らが CSR に関する良いニュースに，全体の 93.5%を振り分けたのに対して，ナイーブベイズ分類器による分類についても，アウトオブサンプルデータの 94.4%を良いニュース記事に振り分けており，学習データと同程度の割合を分類していることが確認された[6]．筆者らによって分類したニュース記事とナイーブベイズ分類器によって分類した記事を合わせた 2 つのニュース記事群のうち，タグ情報に関連する主要企業名の付与してある 464 のニュース記事を用いて，CSR 活動が株価に及ぼす影響測定を試みた．464 のニュース記事のうち，CSR に関する良いニュース記事は 447 であり，それら以外のニュース記事は 17 であった．

3.2　辞書による分類について

次に，辞書による分析手順について，概略を記す．同様に，(1) タグ情報をもとに，CSR に関連するニュース記事を抽出する．また，抽出する際には関連する主要企業名のタグ情報が付いているニュース記事のみを抽出する．抽出したニュース記事数は，464 であった．次に，(2) 辞書を用いて，各ニュース記事

---

[6]　さらに，機械学習で分類したニュース記事（学習データを除く）を手作業によっても確認したところ，手作業による分類と一致率は 98.1%であった．

それぞれのポジネガ度合いを表すスコアを作成した．そして，(3) スコアをもとにニュース記事を 3 分割し，それぞれのニュース記事群に対して，株式市場におけるイベントスタディ分析を行うことによって，CSR 活動が株価に及ぼす影響測定を試みた．

辞書には，高村ら (2007) による単語感情極性対応表を用いた．単語感情極性対応表は，岩波国語辞書をリソースとして，55,125 の単語にそれぞれ 1 から −1 までのポジネガ度合いを表す実数値が割り振られている単語リストである．単語リストをもとに，各ニュース記事内の単語を計数し，ポジネガの実数値で掛け合わせた値を，計数した単語数で割ることでスコアを算出した．スコアの作成については，Tetlock et al. (2008) を参考にした．具体的には，各ニュース記事のスコアは以下の数式で表される．

$$Score_i = \frac{\sum_{k=1}^{n} Word_k * Weight_k}{\sum_{k=1}^{n} Word_k} \quad (1)$$

$Score_i$ はニュース記事 i のスコア，$Word_k$ は辞書に定義されている単語 k がニュース記事内に出現したかどうかを表す値，$Weight_k$ は単語ごとのポジネガ度合いを表す実数値，n は辞書に定義されている単語数をそれぞれ表す．そして，スコアの大きい順にニュース記事をソートしたのち，3 分割した．ここで，スコアの大きい方から，すなわち良いニュースから，ニュース記事群 A，ニュース記事群 B，ニュース記事群 C とする．表 1-4 は，3 分割した際のニュース記事群に含まれるニュース記事数とスコアの統計量である．単語感情極性対応表は，ネガティブな単語が多く，ニュース記事のスコアは全体的にマイナスの値となっている．

表 1-4　各ニュース記事群のスコアの統計量

	Obs	平均値	中央値	標準偏差
ニュース記事群 A	155	−0.42	−0.42	0.01
ニュース記事群 B	154	−0.44	−0.44	0.01
ニュース記事群 C	155	−0.48	−0.47	0.02

3.3　イベントスタディ分析について

イベントスタディ分析によって，機械学習及び辞書によって分類された CSR

に関する各ニュース記事群が株価に及ぼす影響の考察を行った（Campbell et al. (1997))．本分析では，イベントを CSR に関するニュースの発信日とした．異常リターンはイベントウィンドウにおいて実現した事後的リターンから，企業の正常リターンを差し引いたものであり，ニュース i について

$$\epsilon_{it}^* = R_{it} - E[R_{it}|X_t], \tag{2}$$

と表すことができる．ϵ_{it}^*，R_{it}，$E(R_{it})$ は，t 期における異常リターン，実際のリターン，正常リターンを示している．X_t は，正常リターンを算出するためのモデルである．推定期間において正常リターンを算出するためのモデルについては，Fama-French の 3 ファクターモデルを選択した（Fama and French (1993))．

イベントウィンドウに関しては，ニュース発信日の 20 日前から 20 日後の 41 日間とした．また，モデルのパラメータを推定する際の推定ウィンドウに関しては，ニュース発信日の 141 日前から 21 日前までの 120 日間において推定を行った．イベントウィンドウ及び推定ウィンドウはすべて営業日ベースで計算を行った．

最後に検定方法を記述する．検定は 2 種類の方法を用いて行う．第一の方法は異常リターンが各個別証券で一定であるとし，異常リターンの分散がより小さい証券により大きな重みを与える方法である．この異常リターン（AR：Abnormal Return）と累積異常リターン（CAR：Cumulative Abnormal Return）の統計検定量をそれぞれ θ_1，J_1 と表す．第二の方法は異常リターンに関して，分散が大きな証券ほど真の異常リターンも大きいとし，個々の標準化された累積異常リターンを等しく重み付けする方法である．この異常リターンと累積異常リターンの統計検定量を θ_2，J_2 と表す．

4 分析結果

最初に，機械学習によって分類を行ったニュース記事群を用いた分析結果を示し，次に，辞書によって分類を行ったニュース記事群を用いた分析結果を示す．

4.1 分析結果 ──機械学習によって分類されたニュース記事──

はじめに，ニュース発信日における AR について考察する．表 1-8 はニュース発信日前後 41 日間の各ニュース記事群の AR，CAR 及び統計検定量を示している．CSR に関する良いニュース記事群について，ニュース発信日の AR は，有意水準 5%で 0.23%となっており，ニュース発信に対して微小ではあるが，株式市場においてポジティブな評価がされている可能性がある．一方で，それら以外のニュース記事群について，ニュース発信日の AR は，有意水準 1%で −1.14%となっており，また翌営業日の AR も有意水準 1%で −1.60%となっている．2 日続けて，有意にマイナスとなっており，良くないニュースが発信された場合には，株式市場はネガティブな評価をしている可能性がある[7]．

次に，期間内の CAR について考察する．図 1-1 は，機械学習によって分類されたニュース記事群それぞれの CAR の平均値の推移をグラフ化したものである．それら以外のニュース記事群，すなわち CSR に関して良くないニュース記事群については，ニュース発信日の 10 日前ほどから CAR が下がり始め，ニュース発信の 2 日後からは横ばいとなっている．一方で，CSR に関する良いニュース記事群については，それら以外のニュース記事群と比較して，大きな変化がないことが見て取れる．

表 1-8 を見ると，CSR に関する良いニュース記事群について，14 日前から 20 日後まで有意水準 1%でマイナスとなっており，ニュース発信によっても CAR が有意にマイナスになっていることは変わらない結果ではある．しかしながら，ニュース発信後の AR は，14 日後の θ_2 が有意に示すのみで，CAR は横ばいであることがわかる．それら以外のニュース記事群についても，CAR については 15 日ほど前から 20 日後まで，有意水準 1%でマイナスとなっており，ニュース発信後は有意にマイナスであるのは変わらないものの，CAR の下落は収まっている．

さらに，ニュース記事発信日付近における異常リターンについて，ニュース記

---

7) 追加分析として，CSR に関するニュース記事の発信日から 10 営業日前まで遡って，M&A・増資・減資・配当金変更・自社株買い・決算発表（四半期決算含む）の 6 つのイベントに関する日経 QUICK ニュースが配信された企業を除外して，イベントスタディ分析を行ったところ，ニュース発信日の異常リターンは統計的に有意にプラス及びマイナスになり，同様の分析結果が得られた．

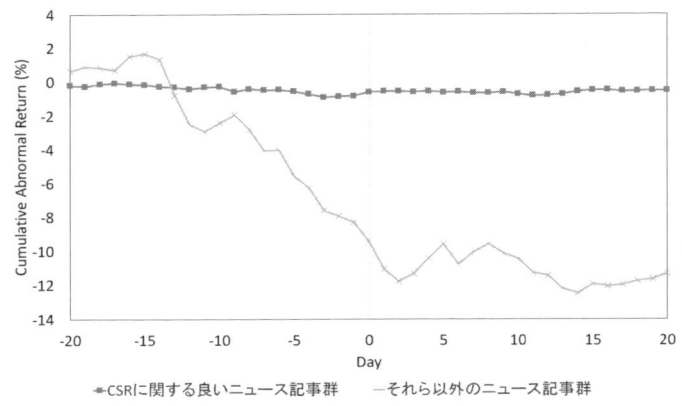

図 1-1　機械学習によって分類された各ニュース記事群の CAR の推移

事群間の差の検定を行うことにより，CSR に関するニュース記事発信による株価への影響の比較を行った．検定は，ニュース記事発信日の AR(0)，ニュース記事発信日から 1 日後までの CAR(0,1)，ニュース記事発信日から 2 日後までの CAR(0,2)，ニュース記事発信日から 3 日後までの CAR(0,3) の 4 つの CAR を用いて行った．表 1-5 は，CSR に関する良いニュース記事群とそれら以外のニュース記事群の CAR の平均値を t 検定したものである．

検定の結果，AR(0) では，有意水準 1%で，2 群間の平均値に差があることが認められた．また，CAR(0,2) では有意水準 5%，CAR(0,1) と CAR(0,3) では，有意水準 10%で差があることが認められた[8]．これらの結果は，2 群間のニュース発信後の AR 及び CAR が統計的に異なることを示しており，CSR に関するニュース記事の内容によって，株価に異なる影響を与えていることを示唆している．

これらの結果から，CSR に関する良いニュースに対して，株式市場がわずかながら好感を示している可能性があり，その後は CAR が横ばいであることから，ニュース記事の影響が残っている可能性があることが示唆された．また，

---

[8]　等分散性の検定を行ったところ，AR(0) は有意水準 10%，CAR(0,1) は有意水準 1%，CAR(0,2) は有意水準 1%，CAR(0,3) は有意水準 5%で，それぞれ棄却されたため，等分散性を仮定しない Welch の t 検定で行っている．なお，Student の t 検定では，t-value がそれぞれ，AR(0):2.10，CAR(0,1):3.22，CAR(0,2):3.53，CAR(0,3):2.66 となった．

表 1-5 ニュース記事 2 群間の AR 及び CAR の t 検定結果

	CSR に関する良いニュース記事群 ($n=447$)		それら以外のニュース記事群 ($n=17$)		t-value
	平均値	標準偏差	平均値	標準偏差	
AR(0)	0.23	2.67	−1.14	1.80	3.03***
CAR(0,1)	0.27	3.63	−2.74	6.75	1.83*
CAR(0,2)	0.29	4.16	−3.46	7.18	2.14**
CAR(0,3)	0.23	4.86	−3.03	7.15	1.86*

両側確率:*** $p<0.01$, ** $p<0.05$, * $p<0.1$

株価が下降基調のとき発信される傾向があることから，ニュース記事は IR 戦略に基づいてタイミングを見て，発信されている可能性がある．一方で，それら以外のニュース記事群，すなわち CSR 関して良くないニュース記事に対しては，非常にネガティブな評価がされている．これは，賃金未払いや食品偽装などのニュースは，社会的責任を果たしてない内容であると同時に，売上や利益などの企業のファンダメンタルズに直接影響を与えることが要因の一つとして考えられる．

4.2 分析結果 —辞書によって分類されたニュース記事—

ここでも，はじめにニュース発信日における AR について考察する．表 1-9, 表 1-10，表 1-11 は，ニュース発信日前後 41 日間の各ニュース記事群の AR, CAR 及び統計検定量を示している．ニュース記事群 A について，ニュース発信日の AR は，θ_1 が有意水準 5%で 0.41%となった．このことから，辞書によって分類されたスコアの最も良いニュース記事群 A に対しては，ポジティブな評価をしている可能性がある．しかしながら，θ_2 については，統計的に有意とは示されなかった．一方で，ニュース記事群 B とニュース記事群 C については，ニュース発信日の AR は統計的に有意とはならなかった．特に，辞書によって分類されたスコアの最も悪いニュース記事群 C が，マイナスにならなかった．これは，スコアをもとに均等にニュース記事を分けているため，ニュース記事群 C には CSR 関して良い内容のニュース記事も混ざっており，機械学習で分類したニュース記事とは異なる結果となった可能性がある．

次に，期間内の CAR について考察する．図 1-2 は，辞書によって分類されたニュース記事群それぞれの CAR の平均値の推移をグラフ化したものである．どのニュース記事群も，ニュース記事発信から 20 日後の CAR は −1%と同程

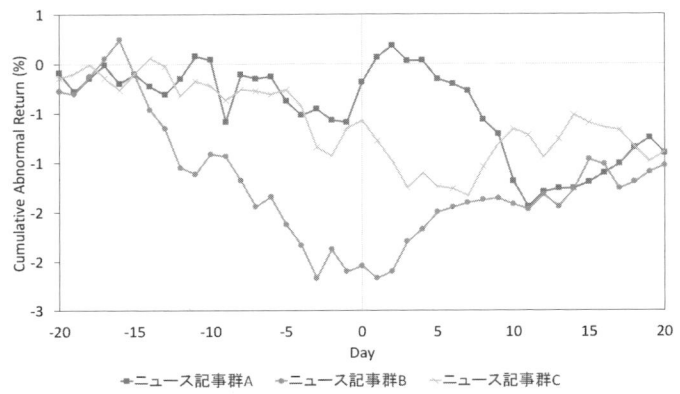

図 1-2　辞書によって分類された各ニュース記事群の CAR の推移

度であるが，そこに至るまでの CAR の変動が異なる．ニュース記事群 A は，ニュース発信日まで横ばいで推移し，ニュース発信後一時的に CAR が上がるが，その後下がっている．また，ニュース記事群 B は，CAR がニュース記事発信の 15 日前から下がり始め，ニュース発信日付近で -2% となった後，その後徐々に上がっている．ニュース記事群 C については，全ニュースと同じように，ゆっくりと CAR が下がっていることがわかる．各ニュース記事群によって，CAR の推移の仕方が異なる一方で，どのニュース記事群も，機械学習によって分類されたニュース記事群と比較すると，大きな CAR の変動が見られなかった．

また，表 1-9，表 1-10，表 1-11 を見ると，ニュース記事群 A の CAR について，ニュース発信日の 5 日ほど前から有意水準 1%から有意水準 5%でマイナスで推移していた CAR が，ニュース発信後 7 日間にわたり，統計的に有意ではなくなった後，再び，有意水準 1%でマイナスとなっていることがわかる．このことから，CSR に関して相対的に良い内容のニュースが発信された場合は，株式市場でポジティブな評価がなされるもの，一時的であり，長期的に影響が継続するものではない可能性がある．この結果は，機械学習によって分類されたニュース記事群を分析した結果とは異なるものである．一方で，ニュース記事群 B とニュース記事群 C の CAR については，ニュース発信日以前から有意

表 1-6　ニュース記事 3 群間の AR 及び CAR の F 検定結果

	ニュース記事群 A ($n=155$)		ニュース記事群 B ($n=154$)		ニュース記事群 C ($n=155$)		F-value
	平均値	標準偏差	平均値	標準偏差	平均値	標準偏差	
AR(0)	0.41	3.55	0.06	2.06	0.08	2.08	0.84
CAR (0,1)	0.66	4.29	−0.07	3.88	−0.13	3.17	2.04
CAR (0,2)	0.78	5.01	0.00	4.23	−0.33	3.66	2.65*
CAR (0,3)	0.62	5.94	0.31	4.81	−0.60	3.97	2.51*

両側確率：*** $p<0.01$, ** $p<0.05$, * $p<0.1$

表 1-7　ニュース記事 3 群間の CAR の Tukey-Kramer 検定結果

	CAR(0,2)		CAR(0,3)	
	平均値の差	p-value	平均値の差	p-value
ニュース記事群 A - ニュース記事群 B	0.77	0.26	0.31	0.84
ニュース記事群 A - ニュース記事群 C	1.11	0.07*	1.22	0.08*
ニュース記事群 B - ニュース記事群 C	0.33	0.78	0.90	0.25

両側確率：*** $p<0.01$, ** $p<0.05$, * $p<0.1$

水準 1% でマイナスとなっており，ニュース記事発信後もマイナスであることがわかる．

同様に，ニュース記事発信日付近における異常リターンについて，ニュース記事群間の差の検定を行うことにより，CSR に関するニュース記事発信による株価への影響の比較を行った．表 1-6 は，ニュース記事発信日付近における各 CAR の平均値について，ニュース記事群 A，ニュース記事群 B，ニュース記事群 C の 3 群間の分散分析を行った結果である．検定の結果，CAR(0,2) と CAR(0,3) において有意水準 10% で，ニュース記事群の間に差が認められた．

さらに，有意差が認められた CAR(0,2) と CAR(0,3) について，Tukey-Kramer 検定を行った結果が，表 1-7 である．CAR(0,2) の平均値についてニュース記事群 A とニュース記事群 C との間に有意水準 10% で差があることが認められ，また，CAR(0,3) の平均値についてもニュース記事群 A とニュース記事群 C との間に有意水準 10% で差があることが認められた．すなわち，3 群のうち最も良い内容を表しているニュース記事群と最も悪い内容を表しているニュース記事群の間の CAR の平均値には，統計的な差が認められた．CSR に関するニュース記事の内容によって，株価に異なる影響を与えている結果となった．これらの結果は，機械学習によって分類されたニュース記事の分析と同様の結果となった．

本分析では，総じて辞書より機械学習を用いて分類されたニュース記事群の間に，より明確な結果が示された．これは，機械学習では分析データの一部を

用いて学習させているため，金融分野に特化した分類ができているためだと考えられる．Li (2010) では，年次報告書と四半期報告書を分析対象とし，辞書より機械学習で分類した方がより分析精度が上がるとの報告をしている．また，Loughran and McDonald (2011) では，金融分野では独自の語彙が用いられる傾向があり，金融分野に特化した辞書を用いる必要性に言及している．日本語ニュース記事のテキストマイニングを試みた本分析においても，これら先行研究と同様の傾向があり，日本文の分析においても，英文の分析と同様に金融分野に特化した分析が必要である可能性がある[9]．

本分析によって，ニュースを用いることで，CSR 活動とマーケットの関連性について興味深い結果を得ることができた．さらに，機械学習による分類と辞書による分類の2種類の分析手法によって，ニュース記事分析を行ったところ，機械学習の方がより明確に結果が表れる可能性があることも示した．

5 ま と め

CSR 活動は従来より多くの関心を集めているが，CSR 活動とマーケットの関連性についてはこれまで未だ明確な結論に至っていない．近年の研究では，企業が CSR 活動を行うことによって倫理的な側面をもつ投資家や銀行を積極的に呼び込むことを可能にし，資金調達を有利にすることができるのではないかと言われている．CSR 活動が企業にとって有用な施策であるならば，CSR 活動に関するニュース記事が発信された際に，株式市場において反応が見られる可能性がある．本分析において，日経 QUICK ニュースを用いて CSR 活動に関するニュースとそのニュースと関連する企業を抽出して，機械学習による方法論と辞書による方法論の2つのテキストマイニング手法によるニュース記事分類とそれらによって分類されたニュース記事に対して，イベントスタディ分析を行うことによって，CSR 活動が株価に与える影響について分析を行った．

分析の結果，CSR に関する良いニュースについて，ニュース発信日において，

---

[9] 本研究で用いた単語感情極性対応表は一般的な辞書であり，金融分野に特化した日本語の辞書作成と分析については今後の課題である．

そのニュース記事と関連する企業の株価が統計的に有意にプラスになることが示された．一方で，CSR に関して良くないニュースについて，ニュース発信日と翌営業日において，そのニュース記事と関連する企業の株価が統計的に有意にマイナスになることが示された．さらに，CSR に関するニュース記事の内容によって，統計的に有意に株価に異なる影響を与えていることが示された．

これらの結果から，社会的責任を果たしているという内容のニュースが発信された際には，株式市場がわずかながらポジティブな評価をしている可能性があり，CSR 活動は資金調達を有利にしている可能性がある．一方で，社会的責任を果たしていないとする内容のニュースが発信された際には，株式市場がネガティブな評価をしている可能性があり，CSR 活動を行うことは企業にとってリスクヘッジになっている可能性がある．しかしながら，賃金未払いや食品偽装などのニュースは，社会的責任を果たしてない内容であると同時に，売上や利益などの企業のファンダメンタルズに直接影響を与える内容でもあり，必ずしも CSR 活動の影響のみを観察できているわけではない．企業個別の詳細なデータを用いた分析や CSR 活動の内容まで加味した分析等は，今後の課題である．

また，本分析手法によって CSR に関するニュース記事が発信された際の株式市場の反応を観察できることを示した．本分析手法は，日本語のニュース記事と株価との関連性を分析する方法論の一つを提示するものである．一方で，機械学習による分類と辞書による分類の 2 種類の分析手法によって，ニュース記事分析を行ったところ，機械学習の方がより明確に結果が表れる可能性があることも示した．これは，英文を対象とした分析においても同様の報告がなされており，日本文においても同様の傾向があることを示した．

本分析の手法では，株式市場において CSR 活動の短期的な影響を観察することができるが，株式市場における評価が近視眼的である可能性があり，CSR 活動が長期的に企業の成長に与える影響については考察することができない．また，本分析では，ニュースを取り上げられるような CSR 活動のみを扱っているが，ニュースでは取り上げられない規模の小さい CSR 活動の分析は対象となっていない．他にも，他国の証券市場や他のメディア，他の分析期間にお

いては，異なった反応を示す可能性がある．これらの分析については，今後の課題である．

表 1-8　機械学習によって分類されたニュース記事群の AR，CAR 及び統計検定量

	CSR に関する良いニュース記事群						それら以外のニュース記事群					
day	AR	θ_1	θ_2	CAR	J_1	J_2	AR	θ_1	θ_2	CAR	J_1	J_2
−20	−0.20	−1.93 *	−1.90 *	−0.20	−1.93 *	−1.90 *	0.65	1.46	1.65 *	0.65	1.46	1.65 *
−19	−0.07	−0.67	−0.29	−0.27	−2.60 ***	−2.19 **	0.25	0.57	−0.39	0.90	2.04 **	1.26
−18	0.14	1.39	0.74	−0.13	−1.21	−1.44	−0.06	−0.14	−0.71	0.84	1.90 *	0.54
−17	0.06	0.63	0.69	−0.06	−0.59	−0.75	−0.14	−0.32	−0.22	0.70	1.58	0.32
−16	−0.07	−0.69	−1.54	−0.13	−1.28	−2.29 **	0.81	1.83 *	1.84 *	1.51	3.41 ***	2.16 **
−15	−0.04	−0.38	0.12	−0.17	−1.66 *	−2.18 **	0.16	0.35	−0.81	1.66	3.76 ***	1.35
−14	−0.10	−0.93	−0.90	−0.27	−2.59 ***	−3.08 ***	−0.33	−0.74	−2.58 ***	1.34	3.02 ***	−1.23
−13	−0.04	−0.41	−0.33	−0.31	−3.00 ***	−3.41 ***	−2.13	−4.80 ***	−6.69 ***	−0.79	−1.79 *	−7.92 ***
−12	−0.12	−1.16	−0.71	−0.43	−4.16 ***	−4.12 ***	−1.71	−3.86 ***	−5.80 ***	−2.50	−5.64 ***	−13.73 ***
−11	0.12	1.20	1.14	−0.31	−2.96 ***	−2.98 ***	−0.43	−0.96	−2.87 ***	−2.92	−6.61 ***	−16.60 ***
−10	0.02	0.21	0.32	−0.28	−2.75 ***	−2.66 ***	0.50	1.13	1.97 **	−2.43	−5.48 ***	−14.63 ***
−9	−0.29	−2.85 ***	−2.10 **	−0.58	−5.60 ***	−4.76 ***	0.50	1.12	2.22 **	−1.93	−4.36 ***	−12.41 ***
−8	0.15	1.48	1.20	−0.43	−4.12 ***	−3.56 ***	−0.89	−2.00 **	−0.86	−2.81	−6.36 ***	−13.27 ***
−7	−0.06	−0.61	−0.12	−0.49	−4.73 ***	−3.68 ***	−1.24	−2.81 ***	−3.91 ***	−4.06	−9.17 ***	−17.18 ***
−6	0.03	0.28	−0.35	−0.46	−4.45 ***	−4.04 ***	0.02	0.05	−0.72	−4.03	−9.12 ***	−17.90 ***
−5	−0.11	−1.04	−0.95	−0.57	−5.49 ***	−4.98 ***	−1.54	−3.47 ***	−4.53 ***	−5.57	−12.59 ***	−22.43 ***
−4	−0.15	−1.49	−2.28 **	−0.72	−6.98 ***	−7.27 ***	−0.71	−1.60	−3.20 ***	−6.28	−14.20 ***	−25.63 ***
−3	−0.19	−1.82 *	−1.47	−0.91	−8.80 ***	−8.74 ***	−1.32	−2.99 ***	−5.04 ***	−7.60	−17.19 ***	−30.67 ***
−2	0.05	0.45	0.34	−0.86	−8.35 ***	−8.40 ***	−0.33	−0.76	−2.21 **	−7.94	−17.94 ***	−32.88 ***
−1	0.02	0.23	0.37	−0.84	−8.12 ***	−8.02 ***	−0.37	−0.84	−0.95	−8.31	−18.78 ***	−33.83 ***
0	0.23	2.24 **	2.51 **	−0.61	−5.87 ***	−5.51 ***	−1.14	−2.58 ***	−2.97 ***	−9.45	−21.37 ***	−36.79 ***
1	0.03	0.33	0.10	−0.57	−5.54 ***	−5.41 ***	−1.60	−3.61 ***	−5.29 ***	−11.05	−24.98 ***	−42.08 ***
2	0.02	0.19	1.09	−0.55	−5.35 ***	−4.32 ***	−0.72	−1.63	−2.17 **	−11.77	−26.61 ***	−44.25 ***
3	−0.06	−0.54	−0.15	−0.61	−5.88 ***	−4.47 ***	0.43	0.97	1.34	−11.34	−25.64 ***	−42.91 ***
4	0.06	0.57	0.25	−0.55	−5.32 ***	−4.22 ***	0.91	2.06 **	4.00 ***	−10.43	−23.58 ***	−38.92 ***
5	−0.08	−0.80	−0.67	−0.63	−6.12 ***	−4.89 ***	0.84	1.90 *	3.61 ***	−9.59	−21.68 ***	−35.30 ***
6	0.04	0.37	0.18	−0.59	−5.75 ***	−4.72 ***	−1.17	−2.66 ***	−3.13 ***	−10.76	−24.33 ***	−38.43 ***
7	−0.06	−0.60	0.08	−0.66	−6.35 ***	−4.63 ***	0.70	1.59	2.92 ***	−10.06	−22.75 ***	−35.51 ***
8	−0.01	−0.08	−0.31	−0.66	−6.43 ***	−4.94 ***	0.48	1.08	1.37	−9.58	−21.66 ***	−34.14 ***
9	0.06	0.54	0.77	−0.61	−5.89 ***	−4.16 ***	−0.54	−1.22	−2.31 **	−10.12	−22.88 ***	−36.45 ***
10	−0.12	−1.17	−1.38	−0.73	−7.06 ***	−5.54 ***	−0.34	−0.77	−1.10	−10.46	−23.65 ***	−37.56 ***
11	−0.10	−0.94	−1.16	−0.83	−8.00 ***	−6.70 ***	−0.79	−1.79 *	−2.33 **	−11.25	−25.44 ***	−39.88 ***
12	0.03	0.32	0.73	−0.79	−7.68 ***	−5.97 ***	−0.19	−0.43	−0.28	−11.44	−25.87 ***	−40.16 ***
13	0.06	0.60	0.64	−0.73	−7.08 ***	−5.33 ***	−0.76	−1.73 *	−2.23 **	−12.21	−27.59 ***	−42.39 ***
14	0.16	1.52	1.97 **	−0.57	−5.56 ***	−3.36 ***	−0.26	−0.59	−1.20	−12.47	−28.18 ***	−43.60 ***
15	0.07	0.71	0.04	−0.50	−4.85 ***	−3.32 ***	0.55	1.25	2.27 **	−11.92	−26.94 ***	−41.33 ***
16	0.01	0.06	0.07	−0.49	−4.79 ***	−3.25 ***	−0.14	−0.32	−0.03	−12.06	−27.26 ***	−41.36 ***
17	−0.06	−0.63	−1.30	−0.56	−5.42 ***	−4.55 ***	0.09	0.21	−0.53	−11.97	−27.05 ***	−41.89 ***
18	0.01	0.11	−0.27	−0.55	−5.31 ***	−4.82 ***	0.22	0.49	1.29	−11.75	−26.57 ***	−40.60 ***
19	0.01	0.14	−0.20	−0.53	−5.17 ***	−5.02 ***	0.11	0.24	−0.64	−11.65	−26.33 ***	−41.23 ***
20	−0.01	−0.10	0.14	−0.54	−5.26 ***	−4.88 ***	0.34	0.77	1.80 *	−11.31	−25.56 ***	−39.43 ***

AR は異常リターン，CAR は累積異常リターン，day はニュース発信日からの日数を指し示す．また，θ_1，θ_2，J_1，J_2 は本文の 3.3 で記述した統計検定量である．***，**，*はそれぞれ，両側確率で有意水準 1%，有意水準 5%，有意水準 10% で有意であることを表している．

表 1-9 辞書によって分類されたニュース記事群 A の AR, CAR 及び統計検定量

day	ニュース記事群 A									
	AR	θ_1		θ_2		CAR	J_1		J_2	
−20	−0.09	−0.50		0.01		−0.09	−0.50		0.01	
−19	−0.19	−1.05		−0.76		−0.28	−1.55		−0.75	
−18	0.13	0.75		0.42		−0.14	−0.80		−0.33	
−17	0.13	0.75		1.71	*	−0.01	−0.05		1.38	
−16	−0.19	−1.05		−1.50		−0.20	−1.10		−0.13	
−15	0.09	0.52		0.47		−0.10	−0.58		0.34	
−14	−0.12	−0.69		−0.86		−0.23	−1.26		−0.52	
−13	−0.08	−0.46		−0.65		−0.31	−1.73	*	−1.18	
−12	0.16	0.89		0.89		−0.15	−0.84		−0.29	
−11	0.23	1.27		1.17		0.08	0.43		0.89	
−10	−0.04	−0.20		−0.43		0.04	0.23		0.45	
−9	−0.63	−3.50	***	−2.71	***	−0.58	−3.27	***	−2.26	**
−8	0.48	2.66	***	2.30	**	−0.11	−0.60		0.04	
−7	−0.04	−0.23		−0.14		−0.15	−0.84		−0.10	
−6	0.02	0.13		0.21		−0.13	−0.71		0.11	
−5	−0.25	−1.39		−1.53		−0.38	−2.10	**	−1.42	
−4	−0.14	−0.79		−1.13		−0.52	−2.89	***	−2.55	**
−3	0.06	0.34		0.19		−0.46	−2.55	**	−2.36	**
−2	−0.11	−0.62		−0.50		−0.57	−3.17	***	−2.86	***
−1	−0.02	−0.13		−0.71		−0.59	−3.30	***	−3.57	***
0	0.41	2.27	**	1.25		−0.18	−1.03		−2.32	**
1	0.25	1.41		1.80	*	0.07	0.38		−0.52	
2	0.12	0.65		1.48		0.18	1.03		0.96	
3	−0.15	−0.85		−0.37		0.03	0.18		0.60	
4	0.00	0.01		−0.59		0.03	0.19		0.01	
5	−0.19	−1.05		−1.04		−0.15	−0.85		−1.04	
6	−0.05	−0.27		−0.20		−0.20	−1.12		−1.24	
7	−0.07	−0.42		0.09		−0.28	−1.54		−1.15	
8	−0.29	−1.62		−2.24	**	−0.57	−3.16	***	−3.39	***
9	−0.14	−0.79		−0.94		−0.71	−3.96	***	−4.34	***
10	−0.48	−2.68	***	−3.21	***	−1.19	−6.63	***	−7.55	***
11	−0.26	−1.43		−2.21	**	−1.44	−8.06	***	−9.76	***
12	0.15	0.86		1.04		−1.29	−7.21	***	−8.72	***
13	0.03	0.19		−0.54		−1.26	−7.02	***	−9.26	***
14	0.00	0.00		1.00		−1.26	−7.02	***	−8.25	***
15	0.06	0.34		0.48		−1.19	−6.67	***	−7.78	***
16	0.09	0.52		0.07		−1.10	−6.15	***	−7.71	***
17	0.09	0.51		0.72		−1.01	−5.64	***	−6.99	***
18	0.17	0.92		0.65		−0.84	−4.72	***	−6.34	***
19	0.10	0.54		0.81		−0.75	−4.18	***	−5.53	***
20	−0.15	−0.86		−0.65		−0.90	−5.04	***	−6.18	***

AR は異常リターン,CAR は累積異常リターン,day はニュース発信日からの日数を指し示す.また,θ_1, θ_2, J_1, J_2 は本文の 3.3 で記述した統計検定量である.***,**,*はそれぞれ,両側確率で有意水準 1%,有意水準 5%,有意水準 10%で有意であることを表している.

表 1-10　辞書によって分類されたニュース記事群 B の AR, CAR 及び統計検定量

	ニュース記事群 B								
day	AR	θ_1		θ_2		CAR	J_1		J_2	
−20	−0.27	−1.53		−2.37	**	−0.27	−1.53		−2.37	**
−19	−0.03	−0.18		0.56		−0.31	−1.71	*	−1.82	*
−18	0.18	1.02		0.07		−0.12	−0.69		−1.75	*
−17	0.17	0.98		0.51		0.05	0.28		−1.24	
−16	0.20	1.09		0.73		0.25	1.38		−0.50	
−15	−0.36	−2.00	**	−1.62		−0.11	−0.63		−2.12	**
−14	−0.35	−1.95	*	−2.06	**	−0.46	−2.58	**	−4.18	***
−13	−0.19	−1.08		−1.61		−0.65	−3.65	***	−5.79	***
−12	−0.39	−2.20	**	−2.68	***	−1.05	−5.86	***	−8.47	***
−11	−0.07	−0.37		−1.12		−1.11	−6.22	***	−9.59	***
−10	0.20	1.14		2.36	**	−0.91	−5.09	***	−7.22	***
−9	−0.03	−0.14		0.74		−0.94	−5.23	***	−6.48	***
−8	−0.24	−1.35		−2.03	**	−1.18	−6.58	***	−8.51	***
−7	−0.26	−1.46		−1.64		−1.44	−8.04	***	−10.15	***
−6	0.10	0.55		0.16		−1.34	−7.49	***	−9.99	***
−5	−0.28	−1.56		−1.66	*	−1.62	−9.05	***	−11.65	***
−4	−0.21	−1.18		−3.16	***	−1.83	−10.24	***	−14.81	***
−3	−0.34	−1.89	*	−2.72	***	−2.17	−12.12	***	−17.53	***
−2	0.30	1.66	*	1.03		−1.87	−10.47	***	−16.50	***
−1	−0.23	−1.27		−1.66	*	−2.10	−11.74	***	−18.16	***
0	0.06	0.33		0.69		−2.04	−11.41	***	−17.47	***
1	−0.13	−0.70		−1.65	*	−2.17	−12.11	***	−19.12	***
2	0.07	0.37		0.39		−2.10	−11.74	***	−18.73	***
3	0.31	1.72	*	1.79	*	−1.79	−10.02	***	−16.93	***
4	0.12	0.70		2.88	***	−1.67	−9.32	***	−14.05	***
5	0.18	0.98		1.68	*	−1.49	−8.35	***	−12.38	***
6	0.05	0.27		−0.34		−1.45	−8.08	***	−12.72	***
7	0.04	0.25		0.97		−1.40	−7.83	***	−11.75	***
8	0.03	0.17		0.27		−1.37	−7.66	***	−11.48	***
9	0.02	0.09		0.28		−1.35	−7.57	***	−11.21	***
10	−0.06	−0.34		0.28		−1.42	−7.91	***	−10.93	***
11	−0.05	−0.28		−0.42		−1.46	−8.19	***	−11.35	***
12	0.15	0.83		0.83		−1.32	−7.35	***	−10.52	***
13	−0.12	−0.69		−1.01		−1.44	−8.05	***	−11.54	***
14	0.18	1.00		0.46		−1.26	−7.05	***	−11.07	***
15	0.29	1.65	*	1.06		−0.97	−5.40	***	−10.01	***
16	−0.05	−0.27		0.08		−1.01	−5.67	***	−9.93	***
17	−0.24	−1.36		−1.53		−1.26	−7.03	***	−11.46	***
18	0.07	0.37		−0.23		−1.19	−6.66	***	−11.70	***
19	0.10	0.56		0.58		−1.09	−6.10	***	−11.11	***
20	0.07	0.37		1.12		−1.02	−5.73	***	−9.99	***

AR は異常リターン，CAR は累積異常リターン，day はニュース発信日からの日数を指し示す．また，θ_1, θ_2, J_1, J_2 は本文の 3.3 で記述した統計検定量である．***, **, * はそれぞれ，両側確率で有意水準 1%，有意水準 5%，有意水準 10% で有意であることを表している．

1 ニュースを用いた CSR 活動が株価に与える影響の分析

表 1-11 辞書によって分類されたニュース記事群 C の AR, CAR 及び統計検定量

day	AR	θ_1		θ_2		CAR	J_1		J_2	
−20	−0.14	−0.86		−0.31		−0.14	−0.86		−0.31	
−19	0.05	0.29		−0.42		−0.09	−0.57		−0.73	
−18	0.09	0.55		0.54		0.00	−0.01		−0.20	
−17	−0.14	−0.83		−1.12		−0.14	−0.84		−1.31	
−16	−0.12	−0.75		−1.23		−0.26	−1.60		−2.55	**
−15	0.17	1.01		1.07		−0.10	−0.58		−1.47	
−14	0.15	0.94		0.53		0.06	0.35		−0.94	
−13	−0.08	−0.48		−0.52		−0.02	−0.13		−1.46	
−12	−0.30	−1.82	*	−1.35		−0.32	−1.95	*	−2.81	***
−11	0.15	0.91		0.93		−0.17	−1.04		−1.88	*
−10	−0.05	−0.30		−0.72		−0.22	−1.34		−2.60	***
−9	−0.14	−0.86		−0.86		−0.36	−2.21	**	−3.46	***
−8	0.11	0.66		1.47		−0.26	−1.55		−1.99	**
−7	−0.02	−0.10		0.27		−0.27	−1.65	*	−1.72	*
−6	−0.03	−0.21		−1.21		−0.31	−1.86	*	−2.93	***
−5	0.05	0.29		0.08		−0.26	−1.57		−2.85	***
−4	−0.17	−1.03		−0.65		−0.43	−2.60	***	−3.51	***
−3	−0.41	−2.49	**	−1.64		−0.84	−5.09	***	−5.15	***
−2	−0.09	−0.53		−0.68		−0.93	−5.62	***	−5.83	***
−1	0.28	1.69	*	2.69	***	−0.65	−3.93	***	−3.15	***
0	0.08	0.47		1.34		−0.57	−3.46	***	−1.81	*
1	−0.20	−1.22		−1.73	*	−0.77	−4.69	***	−3.55	***
2	−0.21	−1.24		−0.74		−0.98	−5.93	***	−4.28	***
3	−0.27	−1.61		−1.23		−1.25	−7.54	***	−5.51	***
4	0.14	0.86		−0.54		−1.10	−6.67	***	−6.05	***
5	−0.13	−0.81		−0.57		−1.24	−7.48	***	−6.62	***
6	−0.02	−0.12		−0.19		−1.26	−7.60	***	−6.81	***
7	−0.07	−0.43		0.06		−1.33	−8.03	***	−6.75	***
8	0.29	1.76	*	1.91	*	−1.04	−6.27	***	−4.84	***
9	0.23	1.37		1.21		−0.81	−4.89	***	−3.63	***
10	0.15	0.92		0.23		−0.66	−3.97	***	−3.40	***
11	−0.06	−0.38		−0.10		−0.72	−4.35	***	−3.50	***
12	−0.23	−1.36		−0.73		−0.94	−5.71	***	−4.23	***
13	0.18	1.12		1.90	*	−0.76	−4.59	***	−2.33	**
14	0.25	1.49		1.48		−0.51	−3.11	***	−0.85	
15	−0.08	−0.49		−0.72		−0.60	−3.60	***	−1.57	
16	−0.04	−0.27		−0.04		−0.64	−3.87	***	−1.61	
17	−0.03	−0.16		−1.57		−0.67	−4.03	***	−3.18	***
18	−0.17	−1.05		−0.45		−0.84	−5.09	***	−3.63	***
19	−0.14	−0.86		−1.94	*	−0.98	−5.95	***	−5.56	***
20	0.10	0.58		0.36		−0.89	−5.36	***	−5.20	***

AR は異常リターン，CAR は累積異常リターン，day はニュース発信日からの日数を指し示す．また，θ_1, θ_2, J_1, J_2 は本文の 3.3 で記述した統計検定量である．***，**，* はそれぞれ，両側確率で有意水準 1%，有意水準 5%，有意水準 10% で有意であることを表している．

付録　筆者らによって分類したニュース記事例

表 1-12　CSR に関する良いニュース記事以外の見出し例

日付	ニュースの見出し
2007/08/23	◇三洋電機製の扇風機から出火，2 人死亡
2007/08/29	◇ J ブリッジ，タスコと多摩川電の保有株すべて売却・損失 5 億円強
2007/11/05	◇〈東証〉ヤマト HD，2 年 2 カ月ぶり安値――「賃金未払い」を嫌気
2007/11/06	◇東洋ゴムの株価，ストップ安売り気配・耐火性能偽装に反応
2007/11/07	◇東証レビュー 7 日・日経朝刊 (1)
2007/12/11	◇不祥事＝売りは早計？――スクランブル (1)
2007/12/11	◇不祥事＝売りは早計？――スクランブル (2)
2007/12/13	◇三菱自元部長ら有罪，母子死傷事故「改善せず放置」・横浜地裁
2008/01/24	◇〈東証〉製紙大手が安い――偽装品回収で費用負担増を懸念
2008/03/04	◇商業ビル，無資格で立ち退き交渉・弁護士法違反容疑で逮捕状
2008/03/04	◇立ち退き交渉無資格の疑い，会社社長ら逮捕・スルガコーポが依頼
2008/04/10	◇奈良放火殺人，取材源秘匿の認識に甘さ・講談社第三者委が報告
2008/05/13	◇ PCI，コンサル事業撤退を検討

表 1-13　CSR に関する良いニュース記事の見出し例

日付	ニュースの見出し
2007/07/23	◇クラレ，「クラレ CSR レポート 2007」を発行
2007/07/24	◇モスフード，容器の「脱石油」加速・フタに植物原料プラ採用へ
2007/07/24	◇ホンダ，三重県に「鈴鹿サーキット交通教育センター」をオープン
2007/08/03	◇住友林業，「環境・社会報告書 2007」を発行
2007/09/11	◇三井ホーム，「環境・社会報告書 2007」を発行
2007/09/11	◇新日鉄，「環境・社会報告書――Sustainability Report―― 2007」を発行
2008/01/04	◇エネルギー高克服，競争力向上めざす・企業トップが年頭の辞
2008/01/07	◇ CO_2 排出権を政府に提供・セブン＆アイ
2008/01/07	◇日本 IBM，豊田通商の「廃棄物・資源循環管理システム」を構築・運用
2008/04/11	◇横河電機，安全計装システム「ProSafe-RS」の機能強化版を発売
2008/04/15	◇三井造船，「2008 年度　中期経営計画」を策定
2008/04/16	◇五洋建設，新中期経営計画「Advance 21」を策定
2008/04/24	◇東京都民銀行，「緑の東京募金」に協力する「東京緑の定期」預金を発売
2008/04/29	◇東芝，体験型科学教育 NPO を支援
2008/04/30	◇三菱商事，2009 年度までの中期経営計画「INNOVATION 2009」を策定

〔参考文献〕

奥村 学・高村大地 (2010),『言語処理のための機械学習入門』コロナ社.

経済産業省 (2004),『通商白書 2004』.

首藤 恵・竹原 均 (2008),「企業の社会的責任とコーポレートガバナンス(下):非財務情報開示とステークホルダー・コミュニケーション」『証券経済研究』, **63**, 29–49.

高橋大志・加藤英明 (2006),「日本株式市場における CSR と株価の関連性の分析」統計数理研究所共同研究リポート 187,『経済物理とその周辺 (2)』, 27–45.

高村大也・乾 孝司・奥村 学 (2006),「スピンモデルによる単語の感情極性抽出」『情報処理学会論文誌』, **47** (2), 627-637.

豊澄智己 (2007),『戦略的経営環境:環境と企業競争力の実証分析』中央経済社.

Becchetti, L., Ciciretti, R. and Hasan, I. (2007), "Corporate Social Responsibility and Shareholder's Value: An Event Study Analysis," *FRB of Atlanta Working Paper* 2007 (6).

Campbell, J. Y., Lo, A. W. and MacKinlay, A. C. (1997), *The Econometrics of Financial Markets*, Princeton University Press(祝迫得夫・大橋和彦・中村信弘・本多俊毅・和田賢治 訳 (2003),『ファイナンスのための計量分析』共立出版).

Cochran, P. L. and Wood, R. A. (1984), "Corporate Social Responsibility and Financial Performance," *Academy of Management Journal*, **27** (1), 42–56.

Chawla, N. V., Bowyer, K. W., Hall, L. O. and Kegelmeyer, W. P. (2002), "SMOTE: Synthetic Minority Over-sampling Technique," *Journal of Artificial Intelligence Research*, **16**, 321–357.

Curran, M. M. and Moran, D. (2007), "Impact of the FTSE4Good Index on Firm Price: An Event Study," *Journal of Environmental Management*, **82** (4), 529–537.

Deng, X., Kang, J-K. and Low, B. S. (2013), "Corporate Social Responsibility and Stakehdder Value Maximization: Evidence from Merger," *Journal of Financial Economics*, **110** (1), 87–109.

Fama, E. F. and French, K. R. (1993), "Common Risk Factors in the Returns on Stock and Bonds," *Journal of Financial Economics*, **33** (1), 3–56.

Friedman, M. (1970), "The Social Responsibility of Business is to Increace its Profits," *The New York Times Magazine*, September 13.

Gross, A. and Robert, G. S. (2011), "The Impact of Corporate Social Responsibility on the Cost of Bank Loan," *Journal of Banking and Finance*, **35** (7), 1794–1810.

Hillman, A. J. and Keim, G. D. (2001), "Shareholder Value, Stakeholder Management and Social Issues: What's the Bottom Line?," *Strategic Management Journal*, **22** (2), 125–139.

Hong, H. and Kacperczyk, M. (2009), "The Price of Sin: The Effects of Social Norms on Markets," *Journal of Financial Economics*, **93** (1), 15–36.

Klassen, R. D. and McLaughlin, C. P. (1996), "The Impact of Environmental Management on Firm Performance," *Management Science*, **42** (8), 1199–1214.

Li, F. (2010), "The Information Content of Forward-Looking Statements in Corporate Filings—A Naïve Bayesian Machine Learning Approach," *Journal of Accounting Research* **48** (5), 1049-1102.

Loughran, T. and McDonald, B. (2011), "When Is a Liability Not a Liability? Textual Analysis, Dictionaries, and 10-Ks," *Journal of Finance*, **66** (1), 35–65.

Margolis, J.D. and Walsh, J. P. (2001), *People and Profits? The Search for a Link between a Company's Social and Financial Performance*, Mahwah, NJ: Lawrence Erlbaum and Associates.

McGuire, J. B., Sundgren, A. and Schneeweis, T. (1988), "Corporate Social Responsibility and Firm Financial Performance," *Academy of Management Journal*, **31** (4), 854–872.

Porter, M. E. (2011), "Creating Shared Value," *Harvard Business Review*, January-February 2011.

Ramchander, S., Schwebach, R. G. and Staking, K. (2012), "The Informational Relevance of Corporate Social Responsibility: Evidence from DS400 Index Reconstitutions," *Strategic Management Journal*, **33** (3), 303–314.

Schuler, D. A. and Cording, M. (2006), "A Corporate Social Performance-Corporate Financial Performance Behavioral Model for Consumers," *Academy of Management Review*, **31** (3), 540–558.

Sturdivant, F. and Ginter, J. L. (1977), "Corporate Social Responsiveness: Management Attitudes and Economic Performance," *California Management Review*, **19** (3), 71–79.

Tetlock, P. C., Saar-Tsechansky, M. and Macskassy, S. (2008), "More Than

Words: Quantifying Language to Measure Firms' Fundamentals," *Journal of Finance*, **63** (3), 1437–1467.

Suto, M. and Takehara, H. (2013), "The Impact of Corporate Social Performance on Financial Performance: Evidence from Japan," *Waseda University Institute of Finance Working Paper Series*, WIF-13-003.

Vance, S. C. (1975), "Are Socially Responsible Corporations Good Investment Risks?," *Management Review*, **64** (8), 18–24.

Waddock, S. A. and Graves, S. B. (1997), "The Corporate Social Performance-Financial Performance Link," *Strategic Management Journal*, **18** (4), 303–319.

Webley, S. and More, E. (2003), *Does Business Ethics Pay? Ethics and Financial Performance*, Institute of Business Ethics.

Zivin, J. G. and Small, A. (2005), "A Modigliani-Miller Theory of Altruistic Corporate Social Responsibility," *The B.E. Journal of Economic Analysis & Policy*, **5** (1), ISSN (Online) 1935–1682, ISSN (Print) 2194–6108.

(五島圭一:東京工業大学大学院総合理工学研究科)

(高橋大志:慶應義塾大学大学院経営管理研究科)

2 分位点回帰による期待ショートフォール最適化とポートフォリオ選択

高梨耕作・中島湧生・中妻照雄

概要 近年，資産収益率の分布の中心付近だけでなく下方の裾での挙動を適切に把握することが，資産運用の実務において求められるようになっている．そのため伝統的な平均分散アプローチに加えて，下方リスクを最小化するポートフォリオ選択手法が注目されるようになった．その代表例が期待ショートフォール（ES）最適化によるポートフォリオ選択である．しかし，従来の ES を用いたポートフォリオ選択においては，バリューアットリスク（VaR）が一定であると仮定されている．本研究では，ES 最適化問題が計量経済学などで多用される分位点回帰の特殊例であることを示し，この事実に基づく拡張された ES 最適化問題を提案する．拡張された ES 最適化問題において，VaR は分位点回帰における回帰関数として与えられることから，本研究で提案する手法は「VaR のマルチファクターモデル」とでもいうべき構造をしている．本研究では，日本株の日次収益率データを利用し，TOPIX100 の構成銘柄から選んだ 30 銘柄を対象にして，バックテストの手法を用いて従来手法と提案手法によるポートフォリオ選択の投資配分の比較を行った．その結果，双方の間で最適投資比率と推定された VaR に著しい差異を確認した．さらに，本研究ではブートストラップ法による信頼区間を使った提案手法における分位点回帰の説明変数の選択を提案し，その有効性の検証も試みた．

1 はじめに

Markowitz (1952) に始まる平均分散アプローチは，永らく資産運用におけるリスク管理の主流であった．そこではリスク測度として資産収益率の分散が使用されるが，分散は平均周りの変動に対して対称であるため，資産価値の下振れも上振れも同様にリスクに反映してしまう．この分散の問題点は比較的早く

から認識されており，様々な代替的なリスク測度が提案されてきた．例えば，あらかじめ設定した目標収益率を下回ることをリスクとして明示的に捉える試みとしては，Roy (1952) による安全第一（safety first）アプローチに始まり，Markowitz (1959) による下方半分散，Fishburn (1977) や Bawa (1978) による下方部分積率，そして下方リスク測度の代名詞といえるバリューアットリスク（VaR）などが有名である．その中でも近年特に広く応用されているのが期待ショートフォール（ES）である．

ES は，資産収益率の分布の分位点（つまり VaR）を資産収益率が下回るという条件の下での期待収益率として定義される．ES は条件付きバリューアットリスク（CVaR）とも呼ばれ[1]，VaR と並んで下方リスクの測度の代表格の一つである．ES は，VaR とは異なり，リスク測度としてコヒーレントである（Artzner et al. (1999) を参照）という性質を持つことが知られている．さらに，ES を目的関数とするポートフォリオ選択は線形計画問題として定式化されるため（Rockafellar and Uryasev (2000) を参照），ES 最適化問題の解を効率よく求められることが知られている．これらの特性により，ES 最適化によるポートフォリオ選択は研究者や実務家に広く受け入れられることとなった．

本研究では，従来の ES 最適化によるポートフォリオ選択において標本期間内で VaR が一定という仮定を緩め，VaR が他の変数に依存して変動するように従来の手法の拡張を提案する．この拡張の基礎となるのが，Koenker and Bassett (1978) による分位点回帰と呼ばれる手法である．元来，分位点回帰は経済学の実証研究などで広く利用されてきたが，近年ではファイナンスの実証研究においても普及しつつある．特に分位点回帰を使って時間に応じて変化する VaR を推定する研究が数多くなされている．従来型のファクターモデルを用いて時変 VaR の推定を試みた研究としては，Chernozhukov and Umantsev (2001)，Bassett and Chen (2002)，Kuester et al. (2006)，Taylor (2008)，山分 (2007, 2009, 2012)，川島 (2014) などがある．また，VaR に明示的に時系列構造を導入したものとしては Engle and Manganelli (2004) などが挙げられる．このよ

---

1) 「条件付きバリューアットリスク」という用語は，当該分野において広く受け入れられているものの，本稿では後述するよう他の変数に依存するという意味での「条件付き」バリューアットリスクを考察するため，混同を避ける意味で「期待ショートフォール」を使用する．

うに多くの先行研究では単一の資産や投資比率の固定されたポートフォリオに対して分位点回帰を適用しているものの，分位点回帰の係数の推定とポートフォリオの最適投資比率の選択を同時に行うことは試みていない．本研究では，ES最適化と分位点回帰による VaR 推定を組み合わせ，変動する VaR を想定した ES最適化ポートフォリオ選択問題を提案する．

本稿の構成は以下の通りである．まず，第2節において分位点回帰を説明した後で，第3節で分位点回帰による VaR 推定をどのように ES 最適化問題に組み込むかを説明する．続いて，第4節では日本株の日次収益率データを用いて従来手法と今回提案する手法における VaR や投資比率の違いを検証し，両者の結果には明らかな違いが存在することを示す．最後に第5節で結論を述べる．

2 分位点回帰

確率変数 y の α-分位点 q_α は，

$$\Pr\{y \leq q_\alpha\} = \alpha, \quad 0 < \alpha < 1, \tag{1}$$

を満たす値と定義される．分位点回帰では，この q_α が独立変数 $x = (x_1; \ldots; x_k)$ の線形関数である

$$\Pr\{y \leq x'\beta_\alpha\} = \alpha, \tag{2}$$

と仮定される．以下では β_α を分位点回帰係数と呼ぶ．ここで

$$\int_{-\infty}^{0} f(\epsilon)d\epsilon = \alpha, \tag{3}$$

を満たす誤差項 ϵ（f は ϵ の確率密度関数）を導入すると，分位点回帰は

$$y = x'\beta_\alpha + \epsilon, \tag{4}$$

という回帰分析でお馴染みの式と同じ形で表される．

したがって，観測値 $\{(y_t, x_t)\}_{t=1}^{T}$ が与えられた下での分位点回帰は

$$y_t = x'_t\beta_\alpha + \epsilon_t, \quad \int_{-\infty}^{0} f(\epsilon_t)d\epsilon_t = \alpha, \quad t = 1, \ldots, T, \tag{5}$$

と表される．Koenker and Bassett (1978) によると，分位点回帰係数 β_α の推

定値は，以下の目的関数

$$\min_{\beta_\alpha} \quad \frac{1}{T}\sum_{t=1}^{T}\rho_\alpha(y_t - x_t'\beta_\alpha), \tag{6}$$

を最小化することで求められる．ここで ρ_α は分位点回帰の分野ではチェック関数と呼ばれ，指示関数 I を使うと，

$$\rho_\alpha(u) = u(\alpha - I(u<0)), \tag{7}$$

と定義される損失関数の一種である．

平均 0，分散 σ^2 の互いに独立な誤差項（この誤差項は必ずしも正規分布に従うとは限らない）を持つ線形回帰

$$y_t = x_t'\beta + \epsilon_t, \quad \mathbb{E}[\epsilon_t]=0, \quad \mathbb{E}[\epsilon_t^2]=\sigma^2, \quad t=1,\ldots,T, \tag{8}$$

では，回帰関数 $x_t'\beta$ は x_t が与えられた下での条件付き期待値 $\mathbb{E}[y_t|x_t]$ として解釈される．一方，(5) 式の分位点回帰では，回帰関数 $x_t'\beta_\alpha$ は x_t が与えられた下での条件付き分位点と解釈される．(8) 式の線形回帰では，条件付き分位点は誤差項 ϵ_t の分布に依存する．一方，(5) 式の分位点回帰では，分布を特定しないままで直接条件付き分位点の推定が可能である．したがって，分位点回帰は，条件付き分位点のセミパラメトリック推定を行っているといえる．

分位点回帰は，Koenker and Bassett (1978) によって提案されて以来，経済学の実証研究に広く利用されるようになり，ファイナンスへの応用事例も見られるようになってきている．例えば，Bassett and Chen (2002) は，S&P500 とラッセル指数を用いた感応度分析を線形回帰と分位点回帰の両方の手法を用いて行い，結果を比較している．類似の研究として Chernozhukov and Umantsev (2001)，Kuester et al. (2006) などがある．Taylor (2008)，山分 (2007, 2009, 2012)，川島 (2013) などでは，分位点回帰を VaR のファクターモデルの一種と見なして実証研究を行っている．次節で詳しく説明するが，これら一連の分位点回帰の VaR への応用研究の発展型として本研究は位置付けられる．

次に，既に先行研究でもよく知られていることだが，分位点回帰推定のための最小化問題 (6) が線形計画問題であることを示そう．まず，

$$\begin{aligned} u_t^+ &= \max\{y_t - x_t'\beta_\alpha, 0\} \geq 0, \\ u_t^- &= -\min\{y_t - x_t'\beta_\alpha, 0\} \geq 0, \end{aligned} \tag{9}$$

と定義すると，チェック関数は

$$
\begin{aligned}
&\rho_\alpha(y_t - x'_t\beta_\alpha) \\
&= (y_t - x'_t\beta_\alpha)(\alpha - I(y_t - x'_t\beta_\alpha < 0)) \\
&= (\alpha - 1)\min\{y_t - x'_t\beta_\alpha, 0\} + \alpha\max\{y_t - x'_t\beta_\alpha, 0\} \\
&= (1 - \alpha)u_t^- + \alpha u_t^+,
\end{aligned}
\tag{10}
$$

と書き直される．

(10) 式を最小化問題 (6) の目的関数に代入すると，それは

$$
\begin{aligned}
\frac{1}{T}\sum_{t=1}^T \rho_\alpha(y_t - x'_t\beta_\alpha) &= \frac{1}{T}\sum_{t=1}^T \{(1-\alpha)u_t^- + \alpha u_t^+\} \\
&= \frac{1-\alpha}{T}\sum_{t=1}^T u_t^- + \frac{\alpha}{T}\sum_{t=1}^T (u_t^- + y_t - x'_t\beta_\alpha) \\
&= \frac{1}{T}\sum_{t=1}^T u_t^- + \frac{\alpha}{T}\sum_{t=1}^T y_t - \frac{\alpha}{T}\sum_{t=1}^T x'_t\beta_\alpha,
\end{aligned}
\tag{11}
$$

と書き直される．この導出では $u_t^+ = u_t^- + y_t - x'_t\beta_\alpha$ という関係を利用している．ここで $\frac{\alpha}{T}\sum_{t=1}^T y_t$ はデータにのみに依存する項なので最小化問題の中では無視できる．よって，これは

$$
\frac{1}{T}\sum_{t=1}^T u_t^- - \frac{\alpha}{T}\sum_{t=1}^T x'_t\beta_\alpha,
\tag{12}
$$

と同値である．さらに定義より

$$
u_t^- \geq 0, \quad u_t^+ = u_t^- + y_t - x'_t\beta_\alpha \geq 0,
$$

という制約が必要である．

以上の議論より，$v_t = u_t^-$，$\bar{x} = \frac{1}{T}\sum_{t=1}^T x_t$ とおくと，最小化問題 (6) は以下のように書き直される．

$$
\begin{aligned}
&\min_{v_1,\ldots,v_T,\beta_\alpha} \quad \frac{1}{T}\sum_{t=1}^T v_t - \alpha\bar{x}'\beta_\alpha \\
&\text{subject to} \quad v_t \geq 0, \quad v_t + y_t - x'_t\beta_\alpha \geq 0, \quad t = 1,\ldots,T.
\end{aligned}
\tag{13}
$$

これは線形計画問題である．

3 分位点回帰から ES 最適化問題へ

ポートフォリオに組み込まれる n 個の資産の収益率の $n \times 1$ ベクトルを r,各資産に対する投資比率の $n \times 1$ ベクトルを w,ポートフォリオの収益率 $r'w$ の α-分位点,すなわち VaR を c_α とする.このときポートフォリオの ES は

$$\mathbb{E}\left[r'w | r'w \leq c_\alpha\right], \tag{14}$$

と定義される.(14) 式より明らかなように,ES はポートフォリオの収益率が VaR を下回るような状況の下での条件付き期待収益率である.したがって,ES が大きいほど望ましいポートフォリオであるといえる.この考え方に基づく ES 最適化によるポートフォリオ選択問題は

$$\begin{aligned}\min_{w, c_\alpha} \quad & -\mathbb{E}[r'w | r'w \leq c_\alpha] \\ \text{subject to} \quad & \mathbb{E}[r'w] \geq \mu, \quad \iota'w = 1,\end{aligned} \tag{15}$$

と定式化される.ここで ι は 1 のみを要素に持つ $n \times 1$ ベクトル,μ は目標期待収益率である.収益率ベクトル r の確率密度関数を $f(r)$ とすると,(14) 式の ES は

$$\begin{aligned}\mathbb{E}[r'w | r'w \leq c_\alpha] &= c_\alpha - \int_{r'w \leq c_\alpha} [r'w - c_\alpha]^- \frac{f(r)}{\Pr\{r'w \leq c_\alpha\}} dr \\ &= c_\alpha - \frac{1}{\alpha} \int_{r'w \leq c_\alpha} [r'w - c_\alpha]^- f(r) dr,\end{aligned}$$

と書き直される.したがって,(15) 式の ES 最適化問題は

$$\begin{aligned}\min_{w, c_\alpha} \quad & \int_{r'w \leq c_\alpha} (r'w - c_\alpha)^- f(r) dr - \alpha c_\alpha \\ \text{subject to} \quad & \bar{r}'w \geq \mu, \quad \iota'w = 1,\end{aligned} \tag{16}$$

と同値となる.

Rockafellar and Uryasev (2000) は,(16) 式の ES 最適化問題の解が以下の線形計画問題

$$\begin{aligned}
\min_{v_1,\ldots,v_T,w,c_\alpha} \quad & \frac{1}{T}\sum_{t=1}^T v_t - \alpha c_\alpha \\
\text{subject to} \quad & v_t \geq 0, \quad v_t + r_t'w - c_\alpha \geq 0, \quad t=1,\ldots,T, \\
& \bar{r}'w \geq \mu, \quad \iota'w = 1,
\end{aligned} \tag{17}$$

の解と漸近的に一致することを示した[2]．ここで，r_t は n 個の資産の第 t 期間における収益率の観測値の $n \times 1$ ベクトル，$\bar{r}$ は標本期間での収益率の平均の $n \times 1$ ベクトル，そして $v_t = -\min\{r_t'w - c_\alpha, 0\}$ である（(13) 式の v_t とは定義が異なることに注意）．

この ES 最適化問題 (17) において，c_α はポートフォリオの $100\alpha\%$ の VaR となっているが，解として求まる c_α は標本期間 $t=1,\ldots,T$ で投資比率 w で運用したときのヒストリカル VaR である．しかし，この ES 最適化問題は標本期間 $t=1,\ldots,T$ で VaR が一定であると仮定している．これをもっと柔軟に拡張できないか，という疑問が本研究の動機の一つである．分位点回帰の線形計画問題 (13) と ES 最適化問題 (17) を比べると，ポートフォリオ選択問題特有の制約を除くと

(1) (13) 式の目的関数の $\bar{x}'\beta_\alpha$ が，(17) 式では c_α になっている．
(2) (13) 式の制約式の $x_t'\beta_\alpha$ が，(17) 式では c_α になっている．
(3) (13) 式の制約式の y_t が，(17) 式では $r_t'w$ になっている．

という違いしかないことがわかる．以上の観察から，ES 最適化問題を分位点回帰によって拡張した問題

$$\begin{aligned}
\min_{v_1,\ldots,v_T,w,\beta_\alpha} \quad & \frac{1}{T}\sum_{t=1}^T v_t - \alpha \bar{x}'\beta_\alpha \\
\text{subject to} \quad & v_t \geq 0, \quad v_t + r_t'w - x_t'\beta_\alpha \geq 0, \quad t=1,\ldots,T, \\
& \bar{r}'w \geq \mu, \quad \iota'w = 1,
\end{aligned} \tag{18}$$

が導出される．ここでは $v_t = -\min\{r_t'w - x_t'\beta_\alpha, 0\}$ と定義している．本研究と同じく分位点回帰と ES 最適化問題が同じ構造を持っていることに言及して

---

[2] なお (17) 式では収益に基づいて ES を定義していることに注意しよう．オリジナルの Rockafellar and Uryasev (2000) をはじめ先行研究では損失に基づいて ES を定義することが多い．

いる先行研究として，Bassett et al. (2004) や Bertsimas et al. (2004) などがあるが，ポートフォリオの VaR にファクターモデルの構造を明示的に導入することは試みていない．

なお，(18) 式の分位点回帰によるポートフォリオ選択問題に対しても，Rockafellar and Uryasev (2000) が (17) 式に対して示したように，T が無限大となるにつれて最適解が真の値に収束することが示される．この証明は付録 A に与えられている．

これまで
(a) VaR を一定と仮定した ES 最適化ポートフォリオ選択問題
(b) 投資比率を固定した分位点回帰による VaR の推定

は盛んに研究されてきた．ES 最適化ポートフォリオ選択問題に関する先行研究の大部分が前者に該当する．後者の事例として，山分 (2009) などが ES 最適化問題 (15) でポートフォリオの投資比率 w を固定したときの時変 VaR と固定 VaR の違いを検証している．しかし，本研究の提案する手法は，両者を同時に行うことができるという特徴を持つ．次節では，実際のデータを用いて分位点回帰による提案手法と VaR 一定を仮定した従来手法との比較を行い，両者の差異を検証する．

4 実　証　研　究

4.1　バックテストのデザイン

本研究では，日本株に投資するポートフォリオの構築を従来手法 (17) と提案手法 (18) で行い，両者の差異をバックテストによって検証する．データの頻度は日次とし，標本期間は 2001 年 10 月から 2014 年 9 月までとする．使用したデータは，すべて日経 NEEDS より入手した．投資対象とする株式銘柄として，Krokhmal et al. (2002) が行った S&P100 での ES 最適化問題によるポートフォリオ選択に倣い，TOPIX100 採用銘柄の中で金融機関を除き，標本期間中の日次データに欠損がないものから表 2-1 の 30 銘柄を選択した．ここでは，株式時価総額の日次変化率を各銘柄の日次収益率として使う．日次収益率の単

表 2-1 ポートフォリオに組み込まれた銘柄

(1) 大東建託	(2) アサヒグループ HD	(3) 味の素
(4) 日本たばこ産業	(5) 東レ	(6) 旭化成
(7) 花王	(8) 武田薬品工業	(9) オリエンタルランド
(10) 楽天	(11) 富士フイルム HD	(12) 住友金属鉱山
(13) クボタ	(14) 日立製作所	(15) 東芝
(16) パナソニック	(17) 京セラ	(18) 三菱重工業
(19) トヨタ自動車	(20) キヤノン	(21) ユニ・チャーム
(22) イオン	(23) 西日本旅客鉄道	(24) 東海旅客鉄道
(25) 中部電力	(26) 関西電力	(27) 東京ガス
(28) 大阪ガス	(29) セコム	(30) ファーストリテイリング

位はすべてパーセントである．

分位点回帰の説明変数としては，Chen et al. (1986), Poon and Taylor (1991), Fama and French (1993) などに従い，定数項に加えて以下の8つの変数を候補として選んだ．

(1) 市場プレミアム
(2) Fama-French SMB ファクター
(3) Fama-French HML ファクター
(4) 米国債 10 年物利回り
(5) 金先物価格
(6) 原油先物価格（ドバイ）
(7) S&P500
(8) 円ドル為替レート

市場プレミアム（市場ポートフォリオの超過収益率）は，CAPM の提案以来，株式の収益率のモデルに永らく使われてきた変数である．一方，SMB ファクターと HML ファクターは Fama and French (1993) により提案され，研究者や実務家の間で今でもポピュラーな変数である．したがって，本研究でもこれらの3変数をモデルに組み込む説明変数の候補とする．米国債利回りと S&P500 は，米国経済が日本経済のみならず世界経済に大きな影響力を持っていることから，日本企業の収益性に対してインパクトがあると想定して考察の対象にする．金と原油は国際的な商品先物取引の代表的存在であり，株式市場との連動も想定されることから候補に入れる．最後に，円ドル為替レートは，財の輸出入価格

への影響を通じて日本企業の収益性に影響を与えると考えられることから説明変数の候補とする．無論，ここに挙げた変数だけで日本株の収益率を説明できる要因を網羅していると主張する意図は全くない．しかし，日次で入手可能でなければならないという制約を考慮すると使用可能な変数は限られる（多くの景気指標は少なくとも月次でなければ入手できない）ことを踏まえ，あくまでも最初の試みとして変数の候補群を設定したことを留意してほしい．

本研究では，市場プレミアムは，太田・斉藤・吉野・川井 (2012) に倣い，TOPIX の日次変化率と日本国債 10 年物利回りをリスクフリーレートとしたものから算出した．Fama and French (1993) による SMB ファクターと HML ファクターも，太田・斉藤・吉野・川井 (2012) に倣い，標本期間を通してデータが入手可能であった東証 1 部上場銘柄から構成した．米国債 10 年物利回りは変化率に変換せず水準をそのまま使用する．一方，金先物価格，原油先物価格，S&P500 および円ドル為替レートは，日次変化率に変換している．なおすべての変数はパーセント単位であり，米国債 10 年物利回りと S&P500 以外は東京市場のものを使用している．

この標本期間はリーマン・ショックに端を発する世界金融危機や東日本大震災を含む．それらのイベントに対して，従来手法と提案手法がどのように対応できるかを比較するため，次のような手順でバックテストを行う．

(1) 2008 年 3 月からバックテストを開始する．
(2) 直近 1,500 営業日の日次データを用いて，従来手法と提案手法でポートフォリオ選択を行う．両手法におけるポートフォリオ選択の設定は，以下の通りである．
    a) ポートフォリオの VaR は日次収益率分布の 1%分位点とする．
    b) ここでは日次におけるポートフォリオ最適化を考察しているので，高い目標期待収益率 μ を設定するのは非現実的であると考えられる．したがって，μ はゼロに設定する．
    c) ポートフォリオ選択にあたっては空売り制約を課す．
(3) それぞれの手法によるポートフォリオ選択に基づく投資比率の見直しと分位点回帰係数の再推定を 20 営業日ごとに行う．このとき使用するデータ

は，直近 1,500 営業日のものとする（いわゆるローリング・ウィンドウ）.
(4) このような運用を 2014 年 9 月まで続ける．これにより，最適投資比率や分位点回帰係数の推定値などが全部で 75 セット得られる．

4.2 分位点回帰に使われる説明変数の選択

当然のことであるが，提案手法を適用する際には分位点回帰の説明変数を決めておかなければならない．しかし，ここで注意しなければならないのは，先に挙げた 8 つの候補をすべて使うことが必ずしも望ましい結果を生むとは限らない点である．なぜなら余計な説明変数の存在がノイズの源となって，分位点回帰によるポートフォリオ選択問題 (18) の最適解が大きくぶれてしまう恐れがあるからである．

本研究では，分位点回帰に使われる説明変数の選択にブートストラップ法による信頼区間を利用する．統計学におけるブートストラップ法は，与えられた標本から繰り返しランダムに新しい標本を再抽出して推定量や検定統計量の値を計算し，こうして得られた多数の推定量や検定統計量の値を用いて分析を行う手法の総称である．本研究では，この発想を援用し，再抽出された収益率や説明変数のデータを使って分位点回帰によるポートフォリオ選択を行うことで各説明変数の分位点回帰係数の推定量の 95% 信頼区間を近似し，この 95% 信頼区間が 0 を含む説明変数をポートフォリオ選択問題 (18) から排除することで，分位点回帰に使うべき説明変数の選択を行う．本研究での信頼区間の位置付けは，統計学の厳密な仮説検定を行うためというよりも，分位点回帰係数の推定値の「振れ具合の目安」として使われているにすぎない．係数の推定値が 0 を挟んで大きく振れすぎると，これがポートフォリオ選択問題 (18) におけるノイズの源となる恐れがある．これを避けるため，そのような説明変数は使用しないことにする．

では具体的なブートストラップ法の手順を説明する．まず，バックテストの各サイクルにおいて提案手法でポートフォリオ選択を行う際に，直近 1,500 営業日の 30 銘柄の日次収益率と説明変数のデータを使用することを思い出そう．この 1,500 組の日次収益率と説明変数のデータセットから，ランダムに 1,500 組を重複を許して再抽出し新たなデータセットを生成し，これを用いて分位点

回帰によるポートフォリオ選択問題 (18) を解く．これを何度も繰り返すことで，分位点回帰係数の推定値を多数生成することができる．こうして得られた推定値の標本分位点を使えば，係数の信頼区間を構築できる．これがブートストラップ法による信頼区間の作成手順である．本研究では，ブートストラップ法での再抽出の回数を 1,000 回とし，これを使って 95%信頼区間を評価した．そして，1,500 営業日を推計期間とするローリング・ウィンドウを 20 営業日ずつ動かし，一連のブートストラップ法を繰り返し適用することで，各推計期間（全部で 75 期間）における 95%信頼区間を得る．このようにして求められた 95%信頼区間は，図 2-1 の各パネルにおいて，実線を挟む 2 つの点線で示されている．なお，図 2-1 の各パネルにおいて実線でプロットされているのは，1,500 営業日を推計期間とするローリング・ウィンドウによる各説明変数の分位点回帰係数の推定値である．

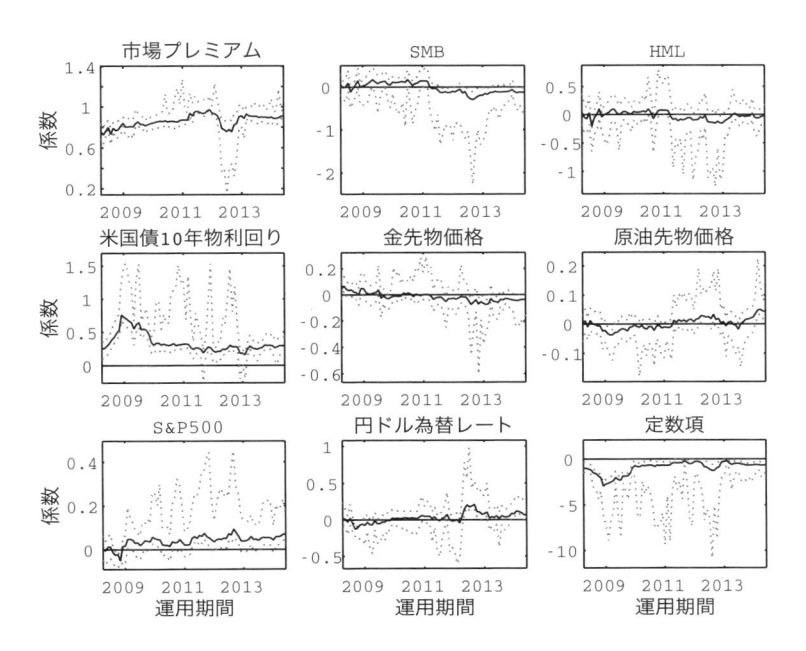

図 2-1 分位点回帰係数の推定値とブートストラップ法による 95%信頼区間

この図 2-1 から，同じ説明変数であっても時期によって分位点回帰係数の値が変動することが容易に視認される．それぞれの分位点回帰係数の信頼区間についての考察をまとめると以下のようになる．

- 市場プレミアムでは，係数の推定値が概ね 0.7〜1.0 の範囲に収まっていて，95%信頼区間は全期間で正の領域にある．
- Fama and French (1993) による SMB ファクターでは，東日本大震災の前には係数の推定値は 0 を挟んで変動し，かつ 95%信頼区間は大抵 0 を含んでいる．一方，震災後では推定値が負になり，95%信頼区間も負の領域にある傾向が見られる．
- Fama and French (1993) による HML ファクター，金先物価格，原油先物価格および円ドル為替レートでは，係数の推定値は 0 を挟んで変動し，かつ 95%信頼区間は概ね 0 を含んでいる．よって，係数の符号が安定しているとは言い難い．
- 米国債 10 年物利回りでは，リーマン・ショックを境に係数の推定値が跳ね上がる様子が見られる．その後は 0.2〜0.3 の範囲で変動する．95%信頼区間は幅の変動が大きいものの，一部の期間を除いて 95%信頼区間は正の領域にある．
- S&P500 では，2009 年以降において係数の推定値は総じて正である．しかし，95%信頼区間の幅は大きく，区間内に度々 0 を含む傾向が見られる．
- 定数項の推定値は，リーマン・ショックの前後に負の方へ下振れするが，その後は概ね −0.7〜−0.4 の付近の値をとる．95%信頼区間は総じて負の領域にある．

以上の考察を踏まえ，次の 3 つの分位点回帰の設定をバックテストで使用する．

- AS (Adaptive Selection)：各ローリング・ウィンドウにおいて 95%信頼区間にゼロを含まない変数のみを使用するモデル（定数項は常に含める）
- LM (Limited Model)：全期間を通して市場プレミアム，米国債 10 年物利回り，定数項を使用するモデル
- FM (Full Model)：全期間を通して 8 変数と定数項を使用するモデル

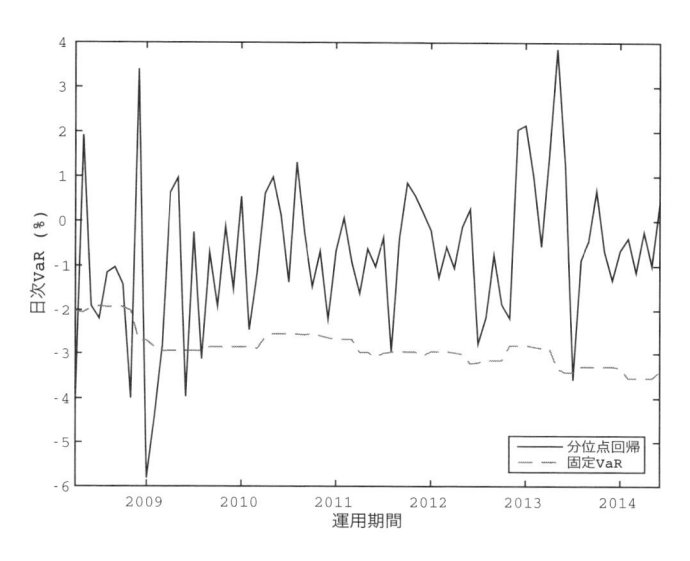

図 2-2 提案手法と従来手法による VaR の比較

AS は，1,500 営業日の各ローリング・ウィンドウの中で最善の変数の組み合わせを使おうという試みである．一方，LM は，1,500 営業日 ×70 セットという長い標本期間を通して安定していた変数のみを使用するという最も絞り込んだモデルである．直近のローリング・ウィンドウだけで判断する AS が実務家の立場では現実的に見えるかもしれないが，長期間にわたるバックテストにおいて最も安定していたモデルを使うとどうなるかという仮想的な意味において LM を比較対象に加えた．最後の FM は変数選択の効果を確かめるために比較対象として含めている．そして，これらの説明変数の組み合わせによる提案手法と ES 最適化問題 (17) を解く従来手法を比較する．

4.3 提案手法と従来手法の比較

VaR の比較

まず最初にバックテストの中でポートフォリオ選択問題を解くことで求められる VaR を両手法で比較する．従来手法においては選択されたポートフォリオの VaR は定数 c_α であり，(17) 式の解の一部として求められる．しかし，提案

手法においては分位点回帰係数 β_α は (18) 式の解の一部として求まるものの，VaR は説明変数のベクトル x_t に依存した線形関数 $x_t'\beta_\alpha$ として与えられる．したがって，提案手法における VaR は，原理的に時間の経過に伴って変動することになる．しかし，標本期間中のすべての変動する VaR を図示しても繁雑になるだけなので，ここでは 1,500 営業日からなるローリング・ウィンドウの最終日の説明変数の値に対する VaR だけを示すことにする．こうすれば，提案手法と従来手法による VaR は同数（ともに 75 個）となり，同じグラフにまとめて示すことができるようになる．それが図 2-2 である．なお AS, LM, FM の 3 モデルで VaR に大きな差が見られず，3 者のグラフがほとんど重複してしまうため，図 2-2 では LM を使った提案手法による VaR（凡例は分位点回帰）と従来手法による VaR（凡例は固定 VaR）をプロットしている．

図 2-2 において，提案手法による VaR が従来手法による VaR に比べて遥かに大きく変動することがわかる．このことは，提案手法における VaR が説明変数の値に依存して変動することから予想される現象である．両者の変化の傾向を見比べると，提案手法による VaR は概ね一定の平均水準の周りで変動しているように見えるのに対し，従来手法による VaR には −2%近辺から −3%程度へと下がるトレンドがあるように見える．さらに，提案手法では VaR に明確なトレンドが見られない代わりに，特にボラティリティが高い時期（2009 年前後のリーマン・ショック後の世界金融危機の時期と 2013 年前半のアベノミクスの一環としての日銀による量的質的緩和の開始時期）には，VaR そのものの変動が大きくなる傾向が見られる．この結果の意味をもう少し深く考察しよう．話を簡単にするためにポートフォリオの収益率が (8) 式の線形回帰で表現され，かつ誤差項が正規分布に従うと仮定しよう．すると 1%分位点 $q_{0.01}$ は

$$q_{0.01} = x_t'\beta - 2.326\sigma, \tag{19}$$

として与えられる．無論，ここで考察している提案手法でも従来手法でも株式の収益率に正規分布をアプリオリに仮定してはいないが，VaR と分布の散らばりの関係について直感的に理解するための補助として (19) 式は有用であろう．このとき $q_{0.01}$ の変化は

(1) 回帰関数 $x_t'\beta$ の変化

(2) 分散 σ^2 の変化

で説明されることになる．さて，従来手法における VaR は，(19) 式の $x'_t\beta$ を μ に置き換えたものに対応する．さらに μ はポートフォリオの目標期待収益率として固定されているため，従来手法では $q_{0.01}$ の変化を分散 σ^2 の変化で説明するしかない．バックテストの対象としている時期は，リーマン・ショック後の世界的な金融危機や東日本大震災などのため，日本の株式市場はボラティリティの高い状態が続く傾向が見られた．この分散の増大が VaR を引き下げることとなり，結果として図 2-2 に見られる従来手法での VaR の下方トレンドの原因となっていると考えられる．一方，提案手法では $x'_t\beta$ が説明変数 x_t の動きに合わせて日々変化するため，この部分でうまく VaR の変動を捉えられているのではないかと考えられる．これが図 2-2 に見られるボラティリティが高い時期における VaR の大きな変動に現れているのであろう．

ところで，図 2-2 のように VaR が日々変動してしまうと，提案手法において VaR を下回る確率 α（ここでは 1%）が本当に達成されているのか，という疑問を持つ読者もいるかもしれない．そこで，推定された VaR を実際のポートフォリオの収益率が下回る割合（これをカバレッジと呼ぶ）を使って，従来手法と提案手法の比較を行うことにする．本研究では，運用期間 $t = 1, \ldots, T$ におけるカバレッジを

$$\text{カバレッジ} = \frac{1}{T}\sum_{t=1}^{T} d_t, \quad d_t = \begin{cases} I(r'_t w \leq x'_t \beta_\alpha), & \text{（提案手法）}, \\ I(r'_t w \leq c_\alpha), & \text{（従来手法）}, \end{cases} \quad (20)$$

と定義する．本研究でのバックテストでは，全体の運用期間は

20 営業日の運用 × 75 回のポートフォリオの組み替え = 1,500 営業日

である．なお，定数 c_α と分位点回帰係数 β_α は 20 営業日ごとにローリング・ウィンドウで再推定されることに注意しよう．もしモデルが妥当であれば，(20) 式のカバレッジは α の設定値である 1% に近い値をとるはずである．したがって，バックテストで求めた各手法のカバレッジを比較することで，各手法の精度を比較することが可能となる．

従来手法と提案手法のカバレッジは表 2-2 にまとめられている．表 2-2 から

表 2-2 VaR のカバレッジの比較

	提案手法			従来手法
	AS	LM	FM	
カバレッジ (%)	2.5333	1.7333	2.8000	1.9333

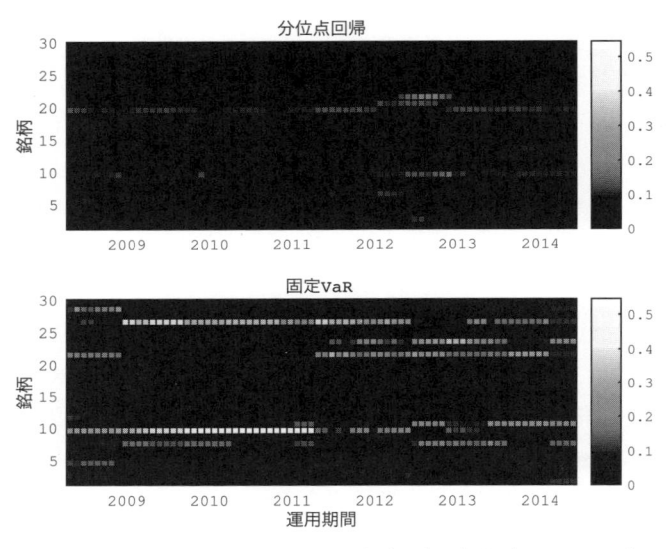

図 2-3 ポートフォリオにおける投資比率の推移（ヒートマップ）

わかるように，従来手法でも提案手法でもカバレッジは設定された1%を超えている．しかし，ブートストラップ法による信頼区間で説明変数を市場プレミアムと米国債10年物利回りに絞り込んだLMの場合の提案手法のカバレッジが最も1%に近く，全変数を使用したFMの提案手法のカバレッジが最も1%から離れた値となり，信頼区間で毎回変数選択を行うASの場合が中間の値となっている．表2-2の結果は，提案手法によってカバレッジが改善される可能性を示すとともに，妥当な変数の選択を誤るとノイズを増やすことになり，かえって精度が落ちてしまう危険性も示唆している．

投資比率の比較

続いて，バックテストにおいて得られたポートフォリオの投資比率を提案手法と従来手法で比較する．ここでもAS, LM, FMの3者の間に大きな差がな

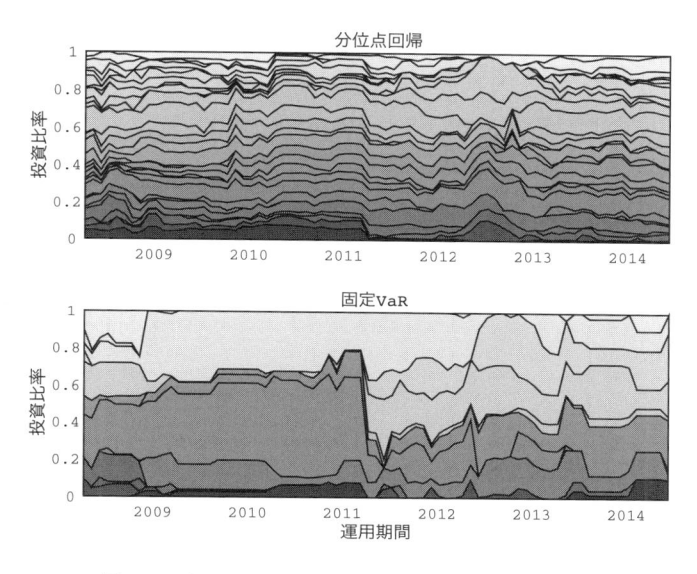

図 2-4 ポートフォリオにおける投資比率の推移（面グラフ）

かったため，特に断らない限り VaR のカバレッジが最も良かった LM の結果を提案手法のものとして提示する．図 2-3 と図 2-4 に提案手法（上段の分位点回帰）と従来手法（下段の固定 VaR）の投資比率を示している．図 2-3 では，横軸に日付を縦軸に銘柄のインデックスをとっている．そして，セルの色が明るいほど投資比率が高く，暗いほど低いことを意味し，色と投資比率の関係は図の右にあるカラーバーで示されている．一方，図 2-4 では，投資比率を銘柄ごとに色分けした面グラフで表示している．図 2-3 および図 2-4 の上段と下段を比較すると，全体の傾向として提案手法の方がより分散したポートフォリオを選択していることがわかる．特にリーマン・ショック後の世界金融危機に対応する期間（2008 年末から 2011 年初頭にかけて）では，従来手法では 1 つの銘柄（オリエンタルランド）に 40〜50%，上位 3 銘柄（オリエンタルランド，関西電力，花王の順）に 90% 近くを投資しているのに対し，提案手法では特定の銘柄に集中しないポートフォリオになっている．東日本大震災以降になると，従来手法でも投資の 1 銘柄集中は緩和されるものの，上位 4〜5 銘柄に投資が集中する傾向が依然として見られる．一方，提案手法では極端な投資の集中は

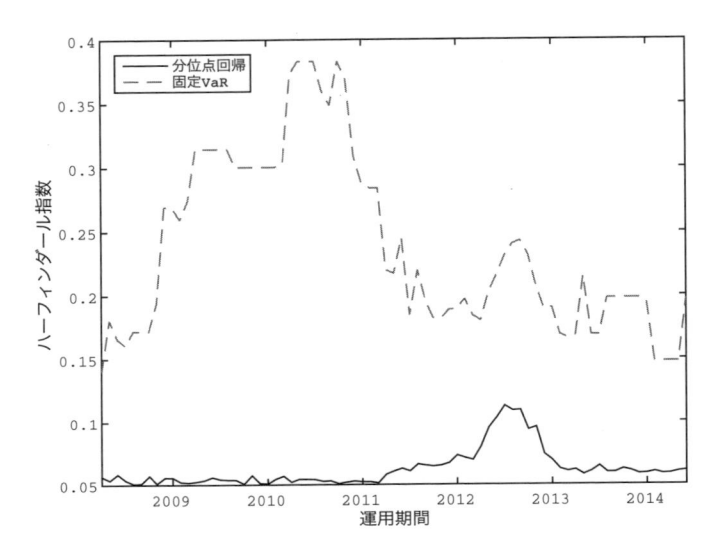

図 2-5　投資比率の集中度の推移

起きていない．

　図 2-3 と図 2-4 で視覚的に示されている投資の集中度を数値化して比較するために，投資比率のハーフィンダール指数を計算した．本来，ハーフィンダール指数は特定の産業における寡占の程度を測るために考え出された指数であり，各企業の市場占有率の 2 乗の総和として定義される．これをポートフォリオに援用すると，特定銘柄への投資の集中度の尺度としてハーフィンダール指数を解釈することができる．ポートフォリオを構成する銘柄 $i\ (i=1,\ldots,n)$ への投資比率を w_i とすると，このポートフォリオのハーフィンダール指数は

$$\text{ハーフィンダール指数} = \sum_{i=1}^{n} w_i^2,$$

として与えられる．ポートフォリオのハーフィンダール指数は，1 つの銘柄に全資金を集中投資したときに最大値 1 をとり，すべての銘柄に同じ比率 $1/n$ で投資したときに最小値 $1/n$ をとる．したがって，ハーフィンダール指数が高いほど，集中度の高いポートフォリオであると解釈される．

　図 2-5 に提案手法（凡例は分位点回帰）と従来手法（凡例は固定 VaR）のハー

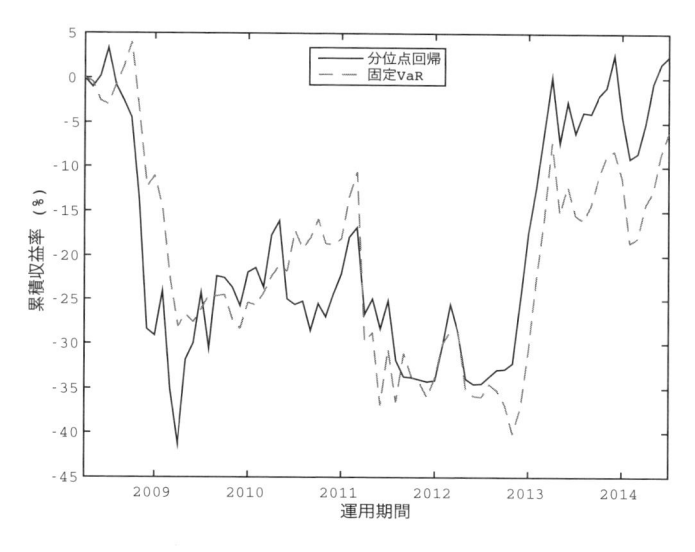

図 2-6 累積収益率の比較

フィンダール指数がプロットされている．図 2-5 から明らかなように，ハーフィンダール指数で測った投資の集中度は，従来手法が提案手法を総じて上回っている．特にリーマン・ショック後の世界金融危機の期間で差が顕著である．図 2-3, 図 2-4 および図 2-5 からわかるように，総じて提案手法は従来手法より分散されたポートフォリオを選択しているといえよう．実務では，ポートフォリオの分散化を徹底するために個々の資産への投資比率の上限を設定することがしばしば行われる．本研究の実証結果を見ると，特定銘柄への過度の集中投資を避けるために従来手法では投資比率の上限の設定が必要かもしれないが，提案手法では特にそのような恣意的な制約を課すことなく十分に分散されたポートフォリオを構築できそうである．これを提案手法の一つの利点として挙げることができるだろう．

なお，投資の集中度に顕著な差が見られるものの，この期間での運用の成果は両者で大きく変わることはなかったことを付け加えておきたい．図 2-6 に提案手法（凡例は分位点回帰）と従来手法（凡例は固定 VaR）の累積収益率がプロットされている．これは 20 営業日ごとの収益率を累積させたものである．図

2-6において，両手法の累積収益率は，リーマン・ショックで大きく落ち込み，5年ほどの低迷期を経て，アベノミクスの上げ相場で一気に戻す，という同じような動きをしている．したがって，図2-6を見る限り，累積収益率に関しては両手法の間には大きな差がないことがわかる．しかしながら，十分に分散されたポートフォリオを構築でき，かつ極端な集中投資している従来手法によるポートフォリオと遜色のないパフォーマンスを達成できていることは，提案手法の強みであると考えられる．

5 おわりに

本研究では，これまで行われてきた分位点回帰に基づく変動するVaRの推定とES最適化に基づくポートフォリオ選択という2つの作業を同時に実行するモデルを提案した．この提案手法は従来手法の自然な拡張であるとともに，線形計画問題として解くことができるため，実務においても効率よく応用できるという利点を持つ．新しく提案した手法と従来手法の差異を確かめるため，日本株を投資対象とし，株式の日次収益率データと資産収益率のファクターモデルによく使われる各種の経済変数を用いて検証を行った．その結果，VaRの推定と最適投資比率において従来手法と提案手法の間に大きな差異を確認することができた．特に，従来手法で見られたポートフォリオの投資比率の集中化を，提案手法を使えば投資比率の上限制約を課すことなく防止できることがわかった．さらに，分位点回帰の説明変数の選択をブートストラップ法による信頼区間を使って行い，変数を絞り込むことでVaRのカバレッジが改善することもわかった．

今回の研究は，分位点回帰に基づくポートフォリオ選択法の提案，その理論的根拠の提示，そして従来手法との比較に焦点を当てたものである．しかし，解決すべき問題も数多く残されている．例えば，本研究ではブートストラップ法で信頼区間を求めた．しかし，これを採用した理由は，ポートフォリオ選択の文脈での分位点回帰係数の信頼区間を理論的に評価することが難しいからである．信頼区間評価のための分位点回帰係数の漸近的分布の理論的導出は今後

の課題である．また，分位点回帰の説明変数の選択法についても改善の余地がある．ポートフォリオ選択問題に限らず分位点回帰全般に対して，変数選択に関する研究自体が依然として発展途上である．分位点回帰によるポートフォリオ選択において，実務に耐えうる変数選択法の開発もまた今後の課題であろう．残された問題はあるものの，本研究で提案した VaR を経済変数などのリスクファクターの関数として定式化しポートフォリオ最適化と同時に係数を推定する手法は，比較的平易に実装できるだけでなく，VaR のマルチファクターモデルによるポートフォリオ選択という理論的にも興味深い構造を有している．今後のさらなる展開が期待されるモデルである．

付録　分位点回帰係数の推定量と最適投資比率の一致性

ES 最適化問題 (18) をチェック関数を使って書き直すと

$$\min_{w,\beta} \quad \frac{1}{T} \sum_{t=1}^{T} \rho_\alpha \left(r'_t w - x'_t \beta_\alpha \right) \tag{21}$$

$$\text{subject to} \quad \bar{r}'w \geq \mu, \quad \iota'w = 1,$$

となる[3]．これは

$$\min_{w,\beta} \quad \mathbb{E}\left[\rho_\alpha \left(r'w - x'\beta_\alpha \right) \right] \tag{22}$$

$$\text{subject to} \quad \mathbb{E}\left[r'w \right] \geq \mu, \quad \iota'w = 1,$$

の標本相似である．以下では，$T \to \infty$ で (21) 式の解が (22) 式の解に収束することを証明する．

一般に，凸制約の下での凸関数最適化問題（以下，凸最適化問題）は，次のように表せる．

$$\min_{\theta} \quad g(\theta) + \Psi_K(\theta), \tag{23}$$

ここで θ は $d \times 1$ ベクトル，$g(\theta)$ は θ の凸関数，$\Psi_K(\theta)$ は以下のように定義される罰則項

---

[3]　ここでは簡単化のために空売り制約を入れないポートフォリオ選択問題を考察するが，空売り制約もまた凸制約であるため，最適解の一致性の証明過程には全く影響を与えない．

$$\Psi_K(\theta) = \begin{cases} 0, & (\theta \in K), \\ \infty, & (\theta \notin K), \end{cases}$$

であり，K は m 個の θ の関数 $f_j(\theta)$ $(j=1,\ldots,m)$ によって規定される

$$K = \bigcap_{j=1}^{m} \left\{ \theta \in \mathbb{R}^d : f_j(\theta) \leq 0 \right\},$$

という凸制約を満たす集合である．例えば，(22) 式の ES 最適化問題では，

$$\theta = (w', \beta_\alpha')',$$
$$g(\theta) = \mathbb{E}\left[\rho_\alpha\left(r'w - x'\beta_\alpha\right)\right],$$
$$f_1(\theta) = \mu - \mathbb{E}\left[r'w\right],$$
$$f_2(\theta) = 1 - \iota'w,$$

となっている．

このとき，Kuhn–Tucker の定理より，$\theta_\star$ が (23) 式の解の一つである，つまり，

$$\theta_\star \in \arg\min_\theta \ g(\theta) + \Psi_K(\theta),$$

である[4] ための必要十分条件は，

$$\begin{aligned} & 0 \in \partial g(\theta_\star) + \lambda_1 \partial f_1(\theta_\star) + \cdots + \lambda_m \partial f_m(\theta_\star), \\ & \lambda_j \partial f_j(\theta_\star) = 0, \quad j=1,\ldots,m, \end{aligned} \quad (24)$$

を満たす $\lambda_1 \geq 0, \ldots, \lambda_m \geq 0$ が存在することである．ここで，∂g や ∂f_j は劣微分と呼ばれ，微分不可能な点においても定義でき，一般に多価写像である．(21) 式を見るとわかるが，目的関数に微分不可能な点が存在するため，劣微分を使う必要がある．一般に下半連続な凸関数の劣微分が 0 を含むとき，その点が最適点となる．つまり，凸最適化問題 (23) では，$0 \in \partial g(\theta_\star) + \partial \Psi_K(\theta_\star)$ を満たす $\theta_\star$ が最適点となるのである．

続いて，観測可能な確率変数 z を導入し，凸最適化問題 (23) の目的関数 g と

---

[4] ここで "∈" を使用しているのは最適解が必ずしも一意ではないことを考慮しているからである．以下でも "∈" は頻繁に現れるが，本稿では「右辺の数式が意味する集合に左辺の値が含まれる」という意味で使用している．

制約条件 f_j $(j=1,\ldots,m)$ が

$$g(\theta) = \mathbb{E}[g(\theta|z)], \quad f_j(\theta) = \mathbb{E}[f_j(\theta|z)], \tag{25}$$

という確率変数 z に関する期待値の形で与えられると仮定しよう．

$$z = (r', x')',$$
$$g(\theta|z) = \rho_\alpha \left(r'w - x'\beta_\alpha \right),$$
$$f_1(\theta|z) = \mu - r'w,$$
$$f_2(\theta|z) = 1 - \iota'w$$

とすると，(22) 式の ES 最適化問題でも上記の仮定 (25) が成り立っていることがわかる．

z の観測値 $\{z_t\}_{t=1}^T$ が与えられたときの (25) 式の標本相似

$$g^T(\theta) = \frac{1}{T}\sum_{t=1}^T g(\theta|z_t), \quad f_j^T(\theta) = \frac{1}{T}\sum_{t=1}^T f_j(\theta|z_t), \quad j=1,\ldots,m, \tag{26}$$

を考える．すると，(23) 式の凸最適化問題の標本相似は

$$\min_\theta \ g^T(\theta) + \Psi_{K^T}(\theta), \quad K^T = \bigcap_{j=1}^m \left\{ \theta \in \mathbb{R}^d : f_j^T(\theta) \leq 0 \right\}, \tag{27}$$

として与えられる．ここで

$$z_t = (r_t', x_t')',$$
$$g(\theta|z_t) = \rho_\alpha \left(r_t'w - x_t'\beta_\alpha \right),$$
$$f_1(\theta|z_t) = \mu - r_t'w,$$
$$f_2(\theta|z_t) = 1 - \iota'w,$$

とすると，(27) 式は標本相似の ES 最適化問題 (21) になる．

このとき (27) 式の凸最適化問題の解

$$\theta_\star^T \in \arg\min_\theta \ g^T(\theta) + \Psi_{K^T}(\theta),$$

が満たすべき必要十分条件は，(23) の場合と同じく Kuhn–Tucker の定理を適用すると，

$$0 \in \partial g^T(\theta_\star^T) + \lambda_1 \partial f_1^T(\theta_\star^T) + \cdots + \lambda_m \partial f_m^T(\theta_\star^T),$$
$$\lambda_j \partial f_j^T(\theta_\star^T) = 0, \quad j = 1, \ldots, m, \tag{28}$$

となる.したがって,(28) 式を満たす $\theta_\star^T$ が $T \to \infty$ で (24) 式を満たす $\theta_\star$ へ収束することを示せば,(27) 式の標本相似の凸最適化問題の解が (23) 式の凸最適化問題の解へ収束すること,つまり最適解の一致性が証明される.(27) 式が標本相似の ES 最適化問題 (21) に対応し,(23) 式が真の ES 最適化問題 (22) に対応することから,この証明で ES 最適化問題 (21) の解の一致性を示す目的は果たせる.

それでは,我々の最終目的である ES 最適化問題 (21) の解の一致性を示そう.この目的のため,Mosco 収束という概念を利用する.

定義(Mosco 収束) $\mathbb{R}^d$ 上で定義された凸関数列 h_n が下半連続凸関数 h に Mosco 収束するとは,次の 2 つの条件を満たすことである.

(M1) 各々の $\theta_n \in \mathbb{R}^d$ に対し,$\limsup_n h_n(\theta_n) \leq h(\theta)$ を満たしつつ θ に強収束する点列 θ_n が存在する.

(M2) θ に弱収束するすべての点列 $\theta_n \in \mathbb{R}^d$ に対し,$\liminf_n h_n(\theta_n) \geq h(\theta)$ が成り立つ.

Mosco 収束する関数列と,この中の各関数を目的関数とする最適化問題の解の収束の間には,次のような望ましい関係があることが知られている.

定理(最適解の収束) 関数列 h_n が h に Mosco 収束するとき,h_n を目的関数とする最適化問題の解の点列が h を目的関数とする最適化問題の解へ収束する.すなわち

$$\lim_{n \to \infty} (\arg\min h_n) \subset \arg\min h,$$

が成り立つ.

この定理より,目的関数列 h_n が h に Mosco 収束すれば,最適解が一意であるとき,最適解の一致性が成り立つ.したがって,標本相似の ES 最適化問題 (21) に対して $h_T = g^T(\theta) + \Psi_{K^T}(\theta)$ と置き,真の ES 最適化問題 (22) に対して $h = g(\theta) + \Psi_K(\theta)$ と置いて,$T \to \infty$ で h_T が h に Mosco 収束することを

示せば，ES 最適化問題の解の一致性を証明できる．

さて，関数列の Mosco 収束を確かめるための同値な条件がいくつか存在するが，最も簡単に確かめられる方法は，劣微分のグラフ収束 (グラフ各点での収束) を利用するものである．関数列の Mosco 収束と関数列の劣微分の各点収束は同値であることが知られているため (証明は Attouch (1984) などを参照)，(28) 式において，劣微分 $(\partial g^T, \partial f_1^T, \ldots, \partial f_m^T)$ の $(\partial g, \partial f_1, \ldots, \partial f_m)$ への各点収束を示せば，一致性の証明は完了する．

では，劣微分 $(\partial g^T, \partial f_1^T, \ldots, \partial f_m^T)$ の各点収束が成り立つことを確かめよう．ここで ES 最適化問題の目的関数に使われているチェック関数 ρ_α の劣微分を求めると，

$$\partial \rho_\alpha (r'w - x'\beta_\alpha) = \begin{cases} 2\alpha(r-x), & (r'w - x'\beta_\alpha > 0), \\ 2\left[-(1-\alpha), \alpha\right](r-x), & (r'w - x'\beta_\alpha = 0), \\ -2(1-\alpha)(r-x), & (r'w - x'\beta_\alpha < 0), \end{cases} \quad (29)$$

である．通常のポートフォリオ選択問題において，確率変数 $z = (r', x')'$ は連続的であると仮定されるから，(29) 式の多価写像の部分 ($r'w - x'\beta_\alpha = 0$ の場合) は，漸近的極限において測度 0 となる．一方，制約条件 ($f_1(\theta|z) = \mu - r'w$ と $f_2(\theta|z) = 1 - \iota'w$) は線形関数であるから，劣微分は通常の微分と等しくなり，多価写像は現れない．このように極限においては多価写像を無視できるため，目的関数と制約条件に対して大数の法則を適用することが可能である．よって，劣微分 $(\partial g^T, \partial f_1^T, \ldots, \partial f_m^T)$ に大数の法則を適用し，$(\partial g, \partial f_1, \ldots, \partial f_m)$ への各点収束がいえる．

〔参考文献〕

太田浩司・斉藤哲朗・吉野貴晶・川井文哉 (2012)，「CAPM，Fama-French 3 ファクターモデル，Carhart 4 ファクターモデルによる資本コストの推定方法について」『関西大学商学論集』**57** (2)，1–14.

川島裕一 (2014)，「ベイズ分位点回帰モデルの金融ファクターモデルへの応用」慶應義塾大学大学院経済学研究科修士論文．

山分俊幸 (2007)，「Quantile Regression とヒストリカル法を用いた Value-at-Risk 推定の精度比較」，*NUCB Journal of Economics and Information Science*,

52, 131–138.

山分俊幸 (2009),「線形 Quantile Regression を用いた為替ポートフォリオの Value-at-Risk 推定」, *NUCB Journal of Economics and Information Science*, **53**, 267–279.

山分俊幸 (2012),「線形 Quantile Regression を用いた期待ショートフォールの推定」, *NUCB Journal of Economics and Information Science*, **56**, 139–149.

Artzner, P., Delbaen, F., Eber, J. M. and Heath, D. (1999) "Coherent Measures of Risk," *Mathematical Finance*, **9**, 203–228.

Attouch, H. (1984), *Variational Convergence for Functions and Operators*, Springer.

Bassett, G. W. and Chen, H. L. (2002), "Quantile Style: Quantiles to Assess Mutual Fund Investment Styles," in Fitzenberger, B., Koenker, R. and Machado, J. A. F. (eds.) *Economic Applications of Quantile Regression: Studies in Empirical Economics*, 293–305.

Bassett, G. W., Koenker, R. and Kordas, G. (2004), "Pessimistic Portfolio Allocation and Choquet Expected Utility," *Journal of Financial Econometrics*, **4**, 477–492.

Bawa, V. S. (1978) "Safety-first, Stochastic Dominance, and Optimal Portfolio Choice," *Journal of Financial and Quantitative Analysis*, **13**, 255–271.

Bertsimas, D., Lauprete, G. J. and Samarov, A. (2004), "Shortfall as a Risk Measure: Properties, Optimization and Applications," *Journal of Economic Dynamics & Control*, **28**, 1353–1381.

Chen, N. F., Roll, R. and Ross, S. A. (1986), "Economic Forces and the Stock Market," *Journal of Business*, **59**, 383–403.

Chernozhukov, V. and Umantsev, L. (2001), "Conditional Value-at-Risk: Aspects of Modeling and Estimation," *Empirical Economics*, **26** (1), 271–292.

Engle, R. F. and Manganelli, S. (2004), "CAViaR: Conditional Autoregressive Value at Risk by Regression Quantiles," *Journal of Business & Economic Statistics*, **22** (4), 367–381.

Fama, E. F. and French, K. R. (1993), "Common Factors in the Returns on Stocks and Bonds," *Journal of Financial Economics*, **33**, 3–56.

Fishburn, P. C. (1977), "Mean-Risk Analysis with Risk Associated with Below-target Returns," *American Economic Review*, **67**, 116–126.

Koenker, R. and Bassett, G. (1978), "Regression Quantiles," *Econometrica*,

46, 33–50.

Krokhmal, P., Palmquist, J. and Uryasev, S. (2002), "Portfolio Optimization with Conditional Value-at-Risk Objective and Constraints," *Journal of Risk*, **4**, 43–68.

Kuester, K., Mittnik, S. and Paolella, S. (2006), "Value-at-Risk Prediction: a Comparison of Alternative Strategies," *Journal of Financial Econometrics*, **4**, 53–89.

Markowitz, H. (1952), "Portfolio Selection," *Journal of Finance*, **7**, 77–91.

Markowitz, H. (1959), *Portfolio Selection: Efficient Diversification of Investments*, Wiley.

Poon, S. and Taylor, S. J. (1991), "Macroeconomic Factors and the UK Stock Market," *Journal of Business Finance and Accounting*, **18**, 306–686.

Rockafellar, R. T. and Uryasev, S. (2000), "Optimization of Conditional Value-at-Risk," *Journal of Risk*, **2**, 21–42.

Roy, A. D. (1952) "Safety First and the Holding of Assets," *Econometrica*, **20**, 431–449.

Taylor, J. W. (2008), "Using Exponentially Weighted Quantile Regression to Estimate Value at Risk and Expected Shortfall," *Journal of Financial Econometrics*, **6** (3), 382–406.

（高梨耕作：慶應義塾大学大学院経済学研究科）
（中島湧生：慶應義塾大学経済学部）
（中妻照雄：慶應義塾大学経済学部）

3 媒介変数表現に基づく JEPX スポット電力供給・需要関数の推定＊

山田雄二・牧本直樹・高嶋隆太・後藤順哉

概要 電力市場における取引リスク分析や入札戦略を検討する上で，入札量と価格の関係を与える入札関数，あるいは入札関数が示唆する供給・需要曲線の推定は必要不可欠である．本研究では，このような電力市場の供給・需要関数推定問題に対して，媒介変数表現された供給・需要関数を推定する手法を新たに提案した上で，日本卸電力取引所（JEPX）で取引される電力スポット価格に適用した実証分析を実施する．まず，JEPX が各時間帯におけるスポット電力の約定量，約定価格に加えて，売り入札，買い入札の総量を各商品について公開していることに着目し，買い入札総量，売り入札総量に関する媒介変数を用いて JEPX スポット電力の供給・需要関数を表現する．つぎに，媒介変数表現された供給・需要関数が，約定量もしくは約定価格を従属変数，買い入札総量，売り入札総量を独立変数とする一般化加法モデル（GAM）を適用することによって構築されることを示す．また，推定関数が供給・需要関数の単調増加性，単調減少性を満たすための条件を導き，単調性を満たさない際に施す単調化変換の推定精度に与える影響について考察する．さらに，供給・需要関数の媒介変数表現に線形関数を用いた線形モデルと比べて，決定係数や回帰予測値による誤差の改善効果が得られること，および既提案手法である約定率に基づく推定手法と比較して，価格を説明する際の決定係数が向上することを実証的に確認する．

1 はじめに

スポット電力市場は，翌日受け渡しの電力を取引する市場であり，国内では日

＊ 本研究は JSPS 科研費基盤研究 (B) 課題番号 25282087「市場リスクとエネルギーポートフォリオの統合マネジメントシステムの構築」の助成を受けたものです．

本卸電力取引所 (Japan Electric Power Exchange; JEPX) でその売買が行われている．JEPX は，現物電力の上場取引が可能な国内唯一の電力市場として，スポット電力の他に，先渡，時間前市場を開設しているが，中でも，スポット電力市場は，近年，取引規模も拡大しデータの蓄積も着々と進んでいる．また，電力小売り全面自由化を背景に，需要と供給に基づく電力価格のモデル化や実証分析についての研究も盛んになりつつある（Miyauchi and Misawa (2014)，西川 (2005)，大藤・兼本 (2008)，大藤・巽 (2013)，山口 (2007)）．

JEPX では，北海道，東北，東京，中部，北陸，関西，中国，四国，九州の各エリアについて，30 分 (0.5 時間) 単位の送電に関する 1 日につき 48 商品が取引されている．エリアごとの価格はエリアプライスと呼ばれ，エリア間をまたいで全量を送電可能な場合は共通のエリアプライス，エリア間における送電可能量に制約がある場合は各エリアのエリアプライスで約定される．また，エリア間送電に制約がなく，全国共通の約定価格で取引すると仮定して算出した価格はシステムプライスと呼ばれ，日本国内における電力取引価格指標として，各時間帯の約定量総計 (kWh) とともに JEPX がデータを公開している．さらに JEPX では，時間帯ごとの売り入札量の合計である売り入札総量 (kWh)，買い入札量の合計である買い入札総量 (kWh) について実績データを公開している．

JEPX スポット市場においては，売り入札，買い入札の量を価格単位で積み上げることで，量-価格曲線（入札関数）を売り，買いについてそれぞれ構築し，その交点をもって約定量と約定価格（システムプライス）を決定している（日本卸電力取引所 (2004)）．売り入札関数は，売り手側が供給することが可能な量と価格の関係を表す単調非減少な関数であり，実務上，JEPX スポット市場の各時間帯ごとの供給関数を与えている．また，買い入札関数は，買い手側が必要とする量と許容される価格の関係を表す，単調非増加な需要関数を与える．このような供給・需要関数の推定は，理論上，JEPX の市場構造分析や，電力価格でしばしば観測されるジャンプの要因分析等において重要な役割を果たすことが期待される．また，実務上も，電力市場における取引リスク分析や入札戦略を検討する上で，供給・需要関数の形状を把握することは必要不可欠であ

る．ところが，JEPX においては，入札関数を再現するのに必要な，入札価格単位の板情報（入札価格と対応する入札量）は非公開であり，公開データである，売り入札総量（kWh），買い入札総量（kWh），約定量（kWh），約定価格（円）からのみでは，入札関数を直接計算することはできない．さらに，電力の場合，発電コストは電源である火力発電の燃料価格等に大きく依存し，発電スタック（generation stack）関数と呼ばれる発電コストに対する供給量を表す曲線は強い非線形性をもつ（Clewlow and Strickland (2009)）．そのため，供給・需要関数は非線形関数となることが想定され，供給・需要関数の非線形性を反映した推定手法を構築することが必要と考えられる．

このような供給・需要関数推定問題に対し，山田ら (2015) では，JEPX が公開する各時間帯における売り入札量，買い入札量の合計である売り入札総量，買い入札総量を用いて，入札量を総量で割った値を売り入札率，買い入札率と定義した上で，入札率と価格の関係を表す入札率関数を推定する手法を提案している．入札率関数は，x 軸を与える入札率に入札総量を乗じることで，入札量と価格の関係を表す供給・需要関数に変換することが可能であり，山田ら (2015) では，入札率関数の推定にノンパラメトリック回帰の一つである一般化加法モデル（GAM）を適用することで，供給・需要関数の非線形性を取り入れた推定を行っている．一方，山田ら (2015) の手法は，約定価格を売り入札総量，買い入札総量で除した値をそれぞれ売り約定率，買い約定率と定義し，価格に対する売り約定率と買い約定率の回帰モデルから入札率関数（および入札率関数を変換した供給・需要関数）を構築しているが，売り入札総量，あるいは買い入札総量の大小が約定価格や約定量に与える影響については必ずしも考慮されていない．また，推定する供給・需要関数も，量と価格の関係を表す一般的な陽関数表現に基づくものである．そこで本論文では，供給・需要関数を，売り入札総量，買い入札総量に関する媒介変数を用いて表現することで，媒介変数表示された供給・需要関数を，約定価格と約定量に対する売り入札総量，買い入札総量の回帰モデルから構築する新たな推定手法を提案する．

まず，JEPX スポット電力の供給・需要関数における y 座標を与える価格，x 座標を与える量を，買い入札総量，売り入札総量に関する媒介変数を用いて

表現する．つぎに，媒介変数表現された供給・需要関数が，約定量もしくは約定価格を従属変数，買い入札総量，売り入札総量を独立変数とする一般化加法モデル（GAM）を適用することによって構築されることを示す．また，推定関数が供給・需要関数の単調増加性，単調減少性を満たすための条件を導き，単調性を満たさない場合に施す単調化変換の推定精度に与える影響について考察する．さらに，供給・需要関数の媒介変数表現に線形関数を用いた線形モデルと比べて，決定係数や回帰予測値による誤差の改善効果が得られること，および既提案手法である約定率に基づく推定手法と比較して，価格を説明する際の決定係数が向上することを実証的に確認する．

本論文の構成は以下の通りである．第 2 節では，山田ら (2015) における入札率関数，および約定率を用いた供給・需要関数推定手法の基本的な考え方について説明し，媒介変数表示された供給・需要関数を，約定価格と約定量に対する売り入札総量，買い入札総量の回帰モデルを用いて推定する，本論文における新たな推定手法を導入する．第 3–4 節では，コントロール変数として気温とカレンダートレンドを追加した分析モデルを提示した上で，推定関数に対する単調化の影響分析，線形関数を用いて供給・需要関数の推定を行う線形モデルとの比較，および山田ら (2015) における約定率に基づく推定手法との比較を実施する．第 5 節では，まとめと今後の課題を述べる．

2 供給・需要関数の媒介変数表示と推定の基本的考え方

2.1 JEPX スポット電力供給・需要関数推定問題と山田ら (2015) の推定手法概要

JEPX におけるスポット電力約定処理においては，図 3-1 右図に示すような入札価格に対する売り入札量と買い入札量の関係を表す曲線を入札の売り買いでそれぞれ作成し，これらの曲線の交点から約定価格と約定量が決定される（日本卸電力取引所 (2004)）．ただし，図 3-1 左の表は，日本卸電力取引所 (2004) で約定処理を説明するために使用されている，電力スポット商品の買い入札注文，売り入札注文の例であり，図の 2 本の線はこの表を元に作成している．

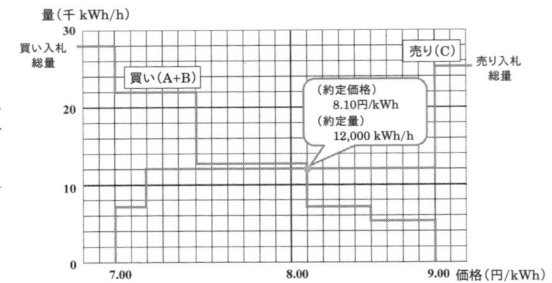

入札者	価格 (円)【入札量 (MWh)】
A (買い)	7.00【13】, 8.50【7】, 9.00【5】
B (買い)	7.50【15】, 8.10【6】
C (売り)	7.00【7】, 7.20【12】, 9.00【25】

図 3-1　JEPX スポット価格における注文例（左表）と入札量-価格関数の例

　入札が増えれば，図 3-1 の階段状の線は，滑らかな単調関数に近づくものと考えられる．図 3-2 左図は，多数の入札が行われたものと仮定した上で，入札量と価格の関係を，入札量を x 軸，価格を y 軸として表示した JEPX スポット電力の売り入札関数，買い入札関数の例である．このような売り入札関数は，売り手側が供給することが可能な量と価格の関係を表す単調非減少な関数であり，実務上，JEPX スポット市場の各時間帯ごとの供給関数を与えている．また，買い入札関数は，買い手側が必要とする量と許容される価格の関係を表す，単調非増加な需要関数を与える．このように JEPX では，1 日につき 48 商品に関する売り入札，買い入札の価格と量の累積値から供給関数，需要関数を構築し，その交点から各商品の約定量，約定価格を決定しているのであるが，個々の入札価格と対応する入札量は非公開である．そのため，公開データのみから，供給・需要関数を直接計算することはできないという問題が生じる．

　このような問題に対し，山田ら (2015) では，JEPX がスポット電力の約定量と約定価格[1]に加えて，各時間帯における売り入札量，買い入札量の合計である売り入札総量，買い入札総量を公開していることに着目し，個々の価格に対する入札量を総量で割った値を売り入札率，買い入札率として定義した上で，図 3-2 右図に示す，入札率と価格の関係を与える「入札率関数」を推定する手法を提案している．ただし，右図の増加曲線（減少曲線）は，左図の供給関数（需要関数）における x 軸の入札量を売り入札総量（買い入札総量）で割るこ

---

1) JEPX では，システムプライスと呼ばれる，全国共通の価格で約定した場合の約定価格の指標のみ公開しているが，ここではシステムプライスを約定価格と見なして分析を進める．

3 媒介変数表現に基づく JEPX スポット電力供給・需要関数の推定   69

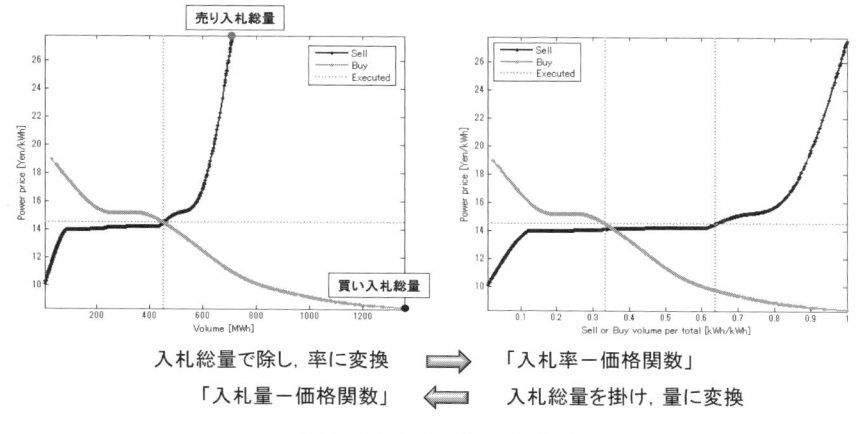

図 3-2 入札量-価格関数（左）と入札率関数（右）

とで売り入札率（買い入札率）に変換し，売り入札率（買い入札率）と価格との関係を表示したものである．また，山田ら (2015) では，約定量を売り入札総量，買い入札総量で除した値を，それぞれ，売り約定率，買い約定率と呼んでいる．個々のスポット電力商品に対して，入札率関数が日付によらず一定であると仮定すれば，観測データから計算される売り・買い約定率は，価格に対する入札率関数の断面（売り入札率，買い入札率の x 座標）が日々の価格変化とともに観測されたものと考えることができる．したがって，このような断面に関する約定率の観測データを平滑化スプライン関数等を用いて回帰推定することで，売り入札率関数，買い入札率関数の推定値が求められる．売り入札率関数，および買い入札率関数が構築されれば，x 軸の入札率に売り入札総量，買い入札総量を掛けてスケール変換することによって，図 3-2 左図のような，入札量と価格の関係を表す供給・需要関数を導出することが可能である[2]．以上が，山田ら (2015) における供給・需要関数推定の基本的な考え方である．本論文では，供給・需要関数を，売り入札総量，買い入札総量に関する媒介変数を用いて表現することにより，媒介変数表示された供給・需要関数を求める新たな推定手法を提案する．

---

2) 山田ら (2015) では，入札率関数と区別するために，本論文における供給・需要関数のことを，「入札量-価格関数」と呼んでいる．

2.2 媒介変数表現に基づく供給・需要関数

前項で述べた山田ら (2015) の手法は，JEPX によって公開されている売り・買い入札総量データに着目し，入札率関数を約定率の回帰を用いて推定した上で，x 軸の入札率に入札総量を掛け戻すことで，供給・需要関数（入札量-価格関数）を構築するものである．このような推定手法は，x 軸のスケール変換を用いて，以下のような供給・需要関数の陽関数表現，すなわち x-y 平面上における供給関数 f，需要関数 g を求めていると捉えられる．

$$y = f(x), \quad y = g(x) \quad (f' > 0, \ g' < 0)$$

それに対して，本論文で新たに提案する供給・需要関数推定手法は，以下のように媒介変数表現された供給・需要関数を推定することを目的としている．

$$\text{供給関数:} \begin{cases} y_1 &= h_y(z_1) \\ x_1 &= h_x(z_1) \end{cases}, \quad \text{需要関数:} \begin{cases} y_2 &= k_y(z_2) \\ x_2 &= k_x(z_2) \end{cases} \quad (1)$$

ただし，(x_1, y_1) は媒介変数 z_1 と関数 h_x，h_y を用いて，(x_2, y_2) は媒介変数 z_2 と関数 k_x，k_y を用いて表示される，供給関数，需要関数上の (x, y) 座標である．また，媒介変数表示された (1) 式の関数が供給，需要関数を与えるためには，$f' > 0$，$g' < 0$ に対応する以下の単調性条件を満たす必要があることに注意する．

$$\frac{\partial y_1/\partial z_1}{\partial x_1/\partial z_1} = \frac{\partial h_y/\partial z_1}{\partial h_x/\partial z_1} > 0, \quad \frac{\partial y_2/\partial z_2}{\partial x_2/\partial z_2} = \frac{\partial k_y/\partial z_2}{\partial k_x/\partial z_2} < 0 \quad (2)$$

供給関数，需要関数を媒介変数表示するにあたり，個々の電力スポット商品に対して，供給関数，需要関数の形状は日付によらず一定であると仮定する．この場合，図 3-2 左図で与えられる供給関数は売り入札総量，需要関数は買い入札総量の値によって左右にシフトする．例えば，図 3-2 左図において，買い入札総量が増加すれば，需要関数は右方向にシフトし，供給・需要関数の交点として与えられる約定量と約定価格は，供給関数上の点を右斜め上方向に推移する．一方，買い入札総量が減少すれば，供給・需要関数の交点は逆方向に推移する．結果として，供給関数上の点は，買い入札総量を変化させた際の供給・需要関数の交点の座標によって，買い入札総量を媒介変数として表示することができる．また，売り入札総量を変化させると，供給・需要関数の交点の座標

は需要関数上を推移する．すなわち，需要関数上の点は，売り入札総量を媒介変数として表示することができる．以上より，z_1, z_2 を，それぞれ，買い入札総量，売り入札総量に対応する媒介変数とすれば，供給・需要関数は (1) 式のように媒介変数表示される．

z_1, z_2 を買い入札総量，売り入札総量として媒介変数表示した供給・需要関数において，供給関数上の座標 (x_1, y_1) は，z_1 が増加するにつれて，x_1, y_1 ともに増加する．また，需要関数上の座標 (x_2, y_2) は，媒介変数 z_2 が増加するにつれて，x_2 は増加，y_2 は減少方向に推移する．すなわち，

$$\frac{\partial y_1}{\partial z_1} > 0, \quad \frac{\partial x_1}{\partial z_1} > 0, \quad \frac{\partial y_2}{\partial z_2} < 0, \quad \frac{\partial x_2}{\partial z_2} > 0 \tag{3}$$

が成り立つ．(3) 式の下，明らかに，(2) 式における供給・需要関数の単調性が満たされることが確認できる．

2.3 回帰式の構築と単調性条件

(1) 式で表現される供給関数，需要関数上の座標は，それぞれ，買い入札総量，売り入札総量を媒介変数とする関数であるので，約定量と約定価格の観測データに対する買い入札総量と売り入札総量の回帰式をそれぞれ構築することで，関数 h_x, h_y, k_x, k_y が推定されるものと考えられる．ここでは，このような関数 h_x, h_y, k_x, k_y を推定するために構築する回帰式の概要と供給・需要関数の単調性条件について考察する．

第 t 日，時刻 m に受け渡しを行うスポット電力の約定価格（システムプライス）を P_t，約定量を V_t，売り入札総量を $\bar{V}_{S,t}$，買い入札総量を $\bar{V}_{B,t}$ と表記する[3]．このとき，約定価格 P_t，約定量 V_t を以下のように表現することを考える．

$$P_t = h_p\left(\bar{V}_{B,t}\right) + k_p\left(\bar{V}_{S,t}\right) + \epsilon_{p,t} \tag{4}$$

$$V_t = h_v\left(\bar{V}_{B,t}\right) + k_v\left(\bar{V}_{S,t}\right) + \epsilon_{v,t} \tag{5}$$

---

[3] 記法を簡単にするため，特に断りがない限り時間帯に関する引数 m は省略するが，全ての変数や回帰推定値等は，時間帯ごとに観測，あるいは推定されるものとする．なお，JEPX においては 30 分ごとの送電に対して価格が観測されるが，本論文では，同一時間帯における 0 分と 30 分の各変数の平均を求めた値を時刻 m の約定価格，約定量，入札総量として使用する．

ただし，h_p, k_p, h_v, k_v は平滑化スプライン関数，$\epsilon_{p,t}, \epsilon_{p,t}$ は残差項である．(4), (5) 式は，$\bar{V}_{B,t}, \bar{V}_{S,t}$ についての平滑化スプライン回帰式であり，一般化加法モデル（GAM）を用いて推定可能であることに注意する．

ここで，平滑化スプライン関数，および残差の推定値を $\hat{h}_p, \hat{k}_p, \hat{h}_v, \hat{k}_v, \hat{\epsilon}_{p,t}, \hat{\epsilon}_{v,t}$ とする．このとき，(4), (5) 式に基づく，供給・需要関数 (1) の推定値は，次式のように与えられる．

$$\text{供給関数:} \begin{cases} y_1 = h_y(z_1) \equiv \hat{h}_p(z_1) + \hat{k}_p(\bar{V}_{S,t}) + \hat{\epsilon}_{p,t} \\ x_1 = h_x(z_1) \equiv \hat{h}_v(z_1) + \hat{k}_v(\bar{V}_{S,t}) + \hat{\epsilon}_{v,t} \end{cases}, \quad (6)$$

$$\text{需要関数:} \begin{cases} y_2 = k_y(z_2) \equiv \hat{h}_p(\bar{V}_{B,t}) + \hat{k}_p(z_2) + \hat{\epsilon}_{p,t} \\ x_2 = k_x(z_2) \equiv \hat{h}_v(\bar{V}_{B,t}) + \hat{k}_v(z_2) + \hat{\epsilon}_{v,t} \end{cases} \quad (7)$$

以下，(6), (7) 式によって与えられる供給・需要関数の性質について考察する．まず，$(z_1, z_2) = (\bar{V}_{B,t}, \bar{V}_{S,t})$ とすると，(6), (7) 式の右辺は，ともに，

$$\begin{cases} \hat{h}_p(\bar{V}_{B,t}) + \hat{k}_p(\bar{V}_{S,t}) + \hat{\epsilon}_{p,t} \\ \hat{h}_v(\bar{V}_{B,t}) + \hat{k}_v(\bar{V}_{S,t}) + \hat{\epsilon}_{v,t} \end{cases} \quad (8)$$

によって与えられる．一方，$\hat{h}_p, \hat{k}_p, \hat{h}_v, \hat{k}_v, \hat{\epsilon}_{p,t}$ は，約定量と約定価格の観測値 (V_t, P_t) に対して，

$$\begin{aligned} P_t &= \hat{h}_p(\bar{V}_{B,t}) + \hat{k}_p(\bar{V}_{S,t}) + \hat{\epsilon}_{p,t} \\ V_t &= \hat{h}_v(\bar{V}_{B,t}) + \hat{k}_v(\bar{V}_{S,t}) + \hat{\epsilon}_{v,t} \end{aligned} \quad (9)$$

を満たすので，(6), (7) 式で与えられる供給・需要関数の交点は，$(x, y) = (V_t, P_t)$ に一致する．すなわち，これらの供給・需要関数は，交点が約定量と約定価格を与えるという均衡条件を満たしている．

つぎに，(6), (7) 式を推定する際に用いる回帰式 (4), (5) について考察する．供給関数 (6) の推定に (4), (5) 式を適用することは，売り入札総量 $\bar{V}_{B,t}$ の関数として P_t, V_t を表現する際に，買い入札総量 $\bar{V}_{S,t}$ をコントロール変数として設定していると解釈することができる．すなわち，$\bar{V}_{S,t}$ の影響をコントロールした上で，P_t, V_t を $\bar{V}_{B,t}$ の関数として推定することを目的とした回帰式と捉えることができる．一方，需要関数 (7) の推定においても，$\bar{V}_{B,t}$ の影響をコントロールした上で，P_t, V_t を $\bar{V}_{S,t}$ の関数として推定しているものと捉えられ

る．このように，回帰式 (4), (5) は，もう一方の変数で互いにコントロールしながら，媒介変数表現を与える関数を推定しているものと考えることができる．

推定関数を用いれば，単調性条件 (3) は以下のように与えられる．

$$\frac{\partial \hat{h}_p}{\partial z_1} > 0, \quad \frac{\partial \hat{h}_v}{\partial z_1} > 0, \quad \frac{\partial \hat{k}_p}{\partial z_2} < 0, \quad \frac{\partial \hat{k}_v}{\partial z_2} > 0 \tag{10}$$

このような単調性条件を，回帰式 (4), (5) における被説明変数（約定価格 P_t, 約定量 V_t）と説明変数（売り入札総量 $\bar{V}_{S,t}$, 買い入札総量 $\bar{V}_{B,t}$）との関係から考察すると以下の通りである．まず，約定量 V_t に与える影響については，仮に入札総量に対する約定量の割合（約定率）が一定の場合，入札総量の増加は約定量の増加につながることからも，$\hat{h}_v, \hat{k}_v$ は $\bar{V}_{S,t}, \bar{V}_{B,t}$ について増加関数であることが想定される．一方 P_t については，売り入札総量の増加は供給量の増加を意味するので価格の減少方向，買い入札総量の増加は需要量の増加を意味するので価格の増加方向に影響を及ぼすものと考えられる．このように，被説明変数である約定価格 P_t, 約定量 V_t と説明変数である売り入札総量 $\bar{V}_{S,t}$, 買い入札総量 $\bar{V}_{B,t}$ の関係から想定される条件は，(10) 式の単調性条件と一致することが分かる．

(4), (5) に GAM を適用することで推定される平滑化スプライン関数 $\hat{h}_p, \hat{k}_p, \hat{h}_v, \hat{k}_v$ は，一般に単調性条件を満たさない．このように単調性が満たされない場合，山田ら (2015) と同様に二次計画問題を解くことによって，推定した平滑化スプライン関数を標本点上で単調性を満たすように変換することが可能である[4]．次節以降では，JEPX スポット電力の実績データに対して提案手法を適用し，推定関数が単調性を満たさない場合に施す単調化変換の推定精度に与える影響について考察する．さらに，供給・需要関数の媒介変数表現に線形関数を用いた線形モデルと比べて，非線形（ノンパラメトリック）関数を用いた方が決定係数や回帰予測値による誤差の改善効果が得られること，および既提案手法である約定率に基づく推定手法と比較して，価格を説明する際の決定係数が向上することを実証的に確認する．なお，本論文では，決定係数 R^2 を次式によって定義し，単調化の影響評価や線形モデルとの比較等を行うことにする．

---

[4] Wolberg and Alfy (1999) では，3 次のスプライン関数に単調性の制約を課し，補間するための手法を提案している

$$\text{決定係数 } R^2 := 1 - \frac{\text{残差の標本分散}}{\text{被説明変数の標本分散}} \tag{11}$$

ただし,単調化前後の比較や線形モデルとの比較において,被説明変数は共通 (P_t もしくは V_t) としているので,(11) 式で計算される決定変数を比較することは,残差標本分散を比較することと基本的には等価であることに注意する.

3 実証分析1:単調化の影響分析と線形モデルとの比較

本論文では,分析データとして,JEPX システムプライス,約定量,売り入札総量,買い入札総量,および山田ら (2015) と同様に構築する全国気温インデックス値の実績データを使用する[5]. また,JEPX スポット電力は 2005 年 4 月 1 日から取引が開始されているが,2005 年 8 月 7 日までは約定量に欠測値が存在するので,本分析では,データ期間の起点を 2005 年 8 月 8 日,終点を 2014 年 9 月 30 日に設定する.この場合,時系列方向のサンプル数は $N = 3341$ ($t = 1, \ldots, 3341$) である.

3.1 分析モデル

まず,約定価格 P_t,約定量 V_t に対して,(4),(5) 式に対応する,売り入札総量 $\bar{V}_{S,t}$ と買い入札総量 $\bar{V}_{B,t}$ を説明変数とする GAM を導入する.ただし,本論文では,山田ら (2015) と同様に,以下に示す変数をコントロール変数として

---

[5] 本論文で用いる JEPX スポット電力に関する時系列データは,JEPX ホームページ (http://www.jepx.org/market/index.html) よりダウンロードしている.全国気温インデックスは,気象庁ホームページ「全国の気温」でカバーする国内 20 都市の時間ごと (1 日につき 24 時間分) の気温を,地域別人口で加重平均したものである.具体的には,下記 20 都市 (http://www.jma.go.jp/jp/yoho/) の気温データを http://www.data.jma.go.jp/gmd/risk/obsdl/ より取得し計算している.

釧路,旭川,札幌,青森,秋田,仙台,新潟,金沢,東京,宇都宮,長野,名古屋,大阪,高松,松江,広島,高知,福岡,鹿児島,那覇

なお,全国の人口データは総務省統計局ホームページ (http://www.stat.go.jp/data/jinsui/index.htm) より 2013 年 10 月 1 日時点推計値を取得し,上記都市を含むもしくは近接する重複しない複数の県の人口で,JEPX システムプライスと同期間の各都市時間別気温 (午前 0 時–23 時) に対する加重平均値を求めた.ただし,北海道の場合は全人口を札幌,釧路,旭川で 1/2, 1/4, 1/4 に按分した.

追加した上で，次式の分析モデルを構築する．

$$P_t = h_p\left(\bar{V}_{B,t}\right) + k_p\left(\bar{V}_{S,t}\right) + u_p\left(T_t\right) + \beta_{1p} Mon_t + \cdots$$
$$+ \beta_{6p} Sat_t + \beta_{7p} Holiday_t + \beta_{8p} Period_t + \varepsilon_{p,t} \quad (12)$$

$$V_t = h_v\left(\bar{V}_{B,t}\right) + k_v\left(\bar{V}_{S,t}\right) + u_v\left(T_t\right) + \beta_{1v} Mon_t + \cdots$$
$$+ \beta_{6v} Sat_t + \beta_{7v} Holiday_t + \beta_{8v} Period_t + \varepsilon_{v,t} \quad (13)$$

T_t：第 t 日における時間帯ごとの全国気温インデックス値．

$Mon_t, Tue_t, \ldots, Sat_t$：第 t 日における時間帯ごとの全国気温インデックス値．例えば $Mon_t = 1$（月曜）or 0（それ以外）など．

$Holiday_t$：休日効果を表すダミー変数（祝日なら1，それ以外0）．

$Period_t$：長期線形トレンドを表す日次ダミー変数 $(t = 1, \ldots, N)$．

ただし，$h_p, k_p, h_v, k_p, u_p, u_v$ は平滑化スプライン関数，$\beta_{ip}, \beta_{iv}, i = 1, \ldots, 8$ は回帰係数，$\varepsilon_{p,t}, \varepsilon_{v,t}$ は残差項である．また，前節と同様，時間帯に関する引数 m は省略されているが，全ての変数，平滑化スプライン関数，および回帰係数は，時間帯ごとに観測，あるいは推定されるものとする．

h_p, k_p, h_v, k_v の推定値を，$\hat{h}_p, \hat{k}_p, \hat{h}_v, \hat{k}_v$ とし，(12)，(13) 式における右辺第3項以降の気温トレンド，曜日・祝日・長期トレンド，残差項の推定値を足し合わせたものを $\hat{e}_{p,t}, \hat{e}_{v,t}$ と表記する．このとき，（第 t 日における）供給・需要関数の推定値は，z_1, z_2 を媒介変数として，以下のように表現される．

$$\text{供給関数:} \begin{cases} y_1 = \hat{h}_p(z_1) + \hat{k}_p(\bar{V}_{S,t}) + \hat{e}_{p,t} \\ x_1 = \hat{h}_v(z_1) + \hat{k}_v(\bar{V}_{S,t}) + \hat{e}_{v,t} \end{cases}, \quad (14)$$

$$\text{需要関数:} \begin{cases} y_2 = \hat{h}_p(\bar{V}_{B,t}) + \hat{k}_p(z_2) + \hat{e}_{p,t} \\ x_2 = \hat{h}_v(\bar{V}_{B,t}) + \hat{k}_v(z_2) + \hat{e}_{v,t} \end{cases} \quad (15)$$

ただし，(x_1, y_1)，(x_2, y_2) は，それぞれ，x-y 平面上における供給・需要関数の座標である．

3.2 単調化の影響分析

前節の最後に述べたように，GAM (12)，(13) で推定される平滑化スプライ

ン関数 $\hat{h}_p, \hat{k}_p, \hat{h}_v, \hat{k}_v$ は，一般に単調性条件を満たさないが，山田ら (2015) と同様に二次計画問題を解くことによって，推定した平滑化スプライン関数を標本点上で単調性を満たすように変換することが可能である．ここでは，このような平滑化スプライン関数の単調化の影響について考察する．具体的には，GAM (12), (13) における入札総量のスプライン関数の推定値と，単調化変換を適用したものとを比較する[6]．

図 3-3 価格に対する売り入札総量のスプライン関数（左：単調化前，右：単調化後）

図 3-4 価格に対する買い入札総量のスプライン関数（左：単調化前，右：単調化後）

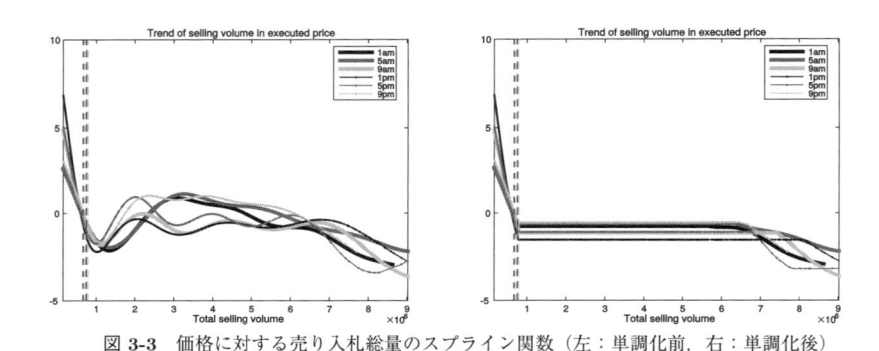

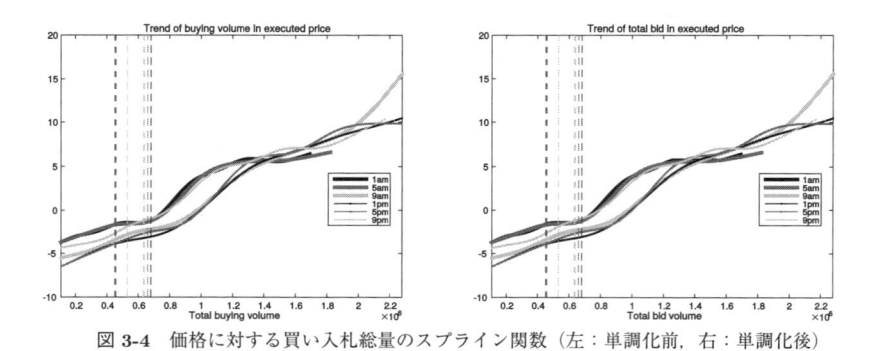

図 3-3, 図 3-4 は，それぞれ，価格を被説明変数とする GAM (12) における，

---

6) 本論文では，R3.0.2 (http://cran.r-project.org/) のパッケージ mgcv 内の関数 gam() を用いて GAM を構築する．なお，gam() では，平滑化パラメータの算出に一般化クロスバリデーション規準（辻谷・外山 (2007)）を採用している．

売り入札総量の関数，および買い入札総量の関数の推定結果である．ただし，図 3-3（あるいは図 3-4）左図は，価格を被説明変数とした際の売り（あるいは買い）入札総量の平滑化スプライン関数を，午前 1 時から 4 時間ごとに表示したものであり，右図は，左図を単調化変換したものである．また，垂直な破線は，横軸が示す約定量の中間値を表す．なお，これらのスプライン関数は平均値が 0 になるように標準化されていることに注意する．垂直な破線が中央値を与えることに注意すると，入札総量が中央値を下回るところでは，売り入札総量の減少が価格の増加につながることが確認できる．一方，入札総量が中央値を上回る際は，売り入札総量と価格にこれといった関係が見られず，単調性の条件も満たされない．結果として，単調変換後の関数の形状も，入札総量が中央値を上回るところでフラットになる．

一方，図 3-5，図 3-6 が示す，約定量を被説明変数とする GAM (13) における売り入札総量の関数，買い入札総量の関数の推定結果からは，売り，買いともに単調性の条件がほぼ満たされることが分かる．ただし，図 3-3，図 3-4 と同様に，これらの図は，約定量を被説明変数とした際の売り，あるいは買い入札総量の平滑化スプライン関数を午前 1 時から 4 時間ごとに表示したものであり，右図は，左図を単調化変換したものである．このように，入札総量が与える影響は，約定量については売り，買いともに増加方向に，約定価格については，買い入札総量の増加は価格に対して正方向に影響を与えるものの，売り入札総量は中央値を上回るあたりで必ずしも価格の減少方向に強く影響を与えるものではないことが分かる．

図 3-3〜3-6 における右図の単調変換後の関数は単調性条件 (10) を満たすので，これらを用いて，供給関数，需要関数は (14)，(15) 式のように構築される．このように単調変換後の関数を用いて新たに計算される決定係数は，単調変換前の GAM (12)，(13) の決定係数より低下するが，このような決定係数は，GAM (12)，(13)，あるいは単調変換後の回帰式から推定される回帰予測値と実際に観測される約定量，約定価格の実績値との誤差（残差）を用いて (11) 式のように計算される[7]．これら決定係数の差が大きい程，単調変換の影響は大きいも

---

[7] (11) 式によって決定係数を計算する際の残差標本分散については，(12)，(13) 式の残差 $\varepsilon_{p,t}$, $\varepsilon_{v,t}$

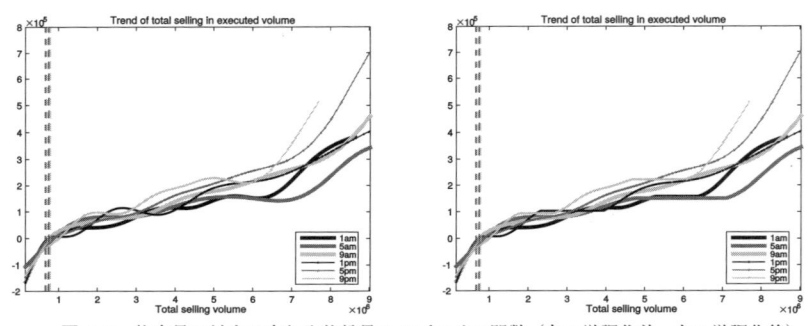

図 3-5 約定量に対する売り入札総量のスプライン関数（左：単調化前，右：単調化後）

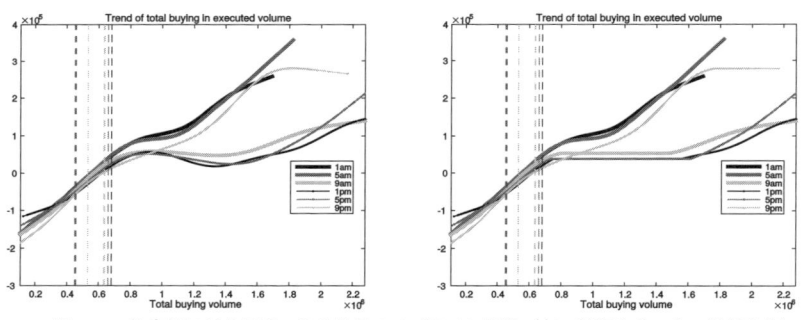

図 3-6 約定量に対する買い入札総量のスプライン関数（左：単調化前，右：単調化後）

のと考えられる．図 3-7 は，単調変換後の決定係数を単調変換前の GAM (12)，(13) の決定係数と比較したものである．ただし，左図（あるいは右図）の黒の実線は，価格（あるいは約定量）を被説明変数とする GAM (12)（あるいは GAM (13)）を各時間帯ごとに当てはめた際の単調変換後の決定係数であり，実線上から表示されている線分の長さは，単調変換前の決定係数との差を表している．また，点線は，このような単調変換後の決定係数と変換前の値との差を，右側の軸で与えられる目盛で表示したものである．なお，単調変換後の決定係数を定義する残差は，売り，買い両方のスプライン関数単調化による誤差を含むが，約定量を被説明変数とする GAM (13) における単調化の場合，決定係数の差は全ての時間帯で 1% 以下であり，単調化による決定係数の低下はほとん

の推定値を，単調化前後で算出したものを用いる．

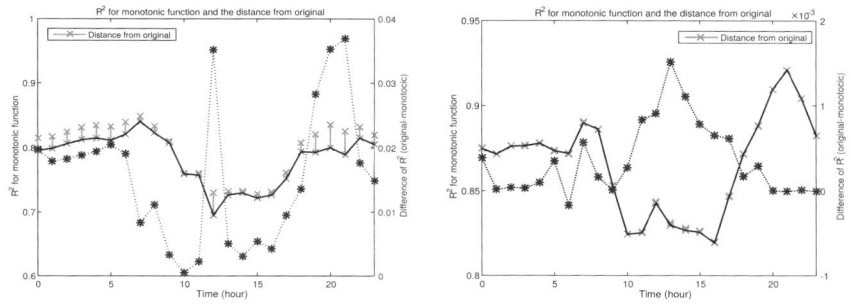

図 3-7 単調変換前後の決定係数の比較（左：価格に関する GAM (12)，右：約定量に関する GAM (13)）

ど観測されていない．一方，左図の価格を被説明変数とする GAM (13) における単調化の場合，決定係数の差は 1～4% 以下と小さな値の範囲内ではあるが，右図の場合よりは差が開く傾向にある．

3.3 線形モデルとの比較

本論文で提案する媒介変数表示に基づく供給・需要関数の推定モデルは，媒介変数表示関数の推定にノンパラメトリック回帰モデルの一つである GAM を適用しているが，$\bar{V}_{B,t}$，$\bar{V}_{S,t}$ に関する平滑化スプライン関数の代わりに線形関数を適用する場合，推定される供給・需要関数も線形となる．そこで，入札総量の平滑化スプライン関数 h_p, k_p, h_v, k_v を，以下のように線形関数で置き換えて (12)，(13) 式との比較を行うことにより，供給・需要関数の推定に非線形な平滑化スプライン関数を用いることの改善効果を見積もることができる．

$$P_t = \beta_{hp}\bar{V}_{B,t} + \beta_{kp}\bar{V}_{S,t} + u_p(T_t) + \beta_{1p}Mon_t + \cdots$$
$$+ \beta_{6p}Sat_t + \beta_{7p}Holiday_t + \beta_{8p}Period_t + c_p + \varepsilon_{p,t} \quad (16)$$

$$V_t = \beta_{hv}\bar{V}_{B,t} + \beta_{kv}\bar{V}_{S,t} + u_v(T_t) + \beta_{1v}Mon_t + \cdots$$
$$+ \beta_{6v}Sat_t + \beta_{7v}Holiday_t + \beta_{8v}Period_t + c_v + \varepsilon_{v,t} \quad (17)$$

ただし，β_{hp}，β_{kp}，β_{hv}，β_{kv} は回帰係数，c_p, c_v は定数項である．なお，記法を簡単にするため，u_p, u_v や他の回帰係数は，(12)，(13) 式と同様に表記しているが，全ての回帰係数や平滑化スプライン関数は，(12)，(13) 式とは独立に推定されることに注意する．なお，本節では，便宜上，線形関数を用いて推定

した供給・需要関数を「線形モデル」，非線形なノンパラメトリック関数を用いて推定した供給・需要関数を「非線形モデル」と呼ぶことにする．

図 3-8 は，両モデルにおける回帰式 (12)，(13)，および (16)，(17) の決定係数を，各時間帯について比較したものである．ただし，左図の実線は，価格を被説明変数とする（単調化後の）非線形モデルの回帰式 (12) の決定係数を各時間帯ごとに表示したものであり，破線は線形モデルの回帰式 (16) の決定係数である．また，右図は，同様の比較を，約定量を被説明変数とする（単調化後の）非線形モデルの回帰式 (12)，および線形モデルの回帰式 (16) に対して行っている．なお，これらの図の縦軸の目盛は，最大値と最小値は異なるものの，同一スケールで表示されていることに注意する．

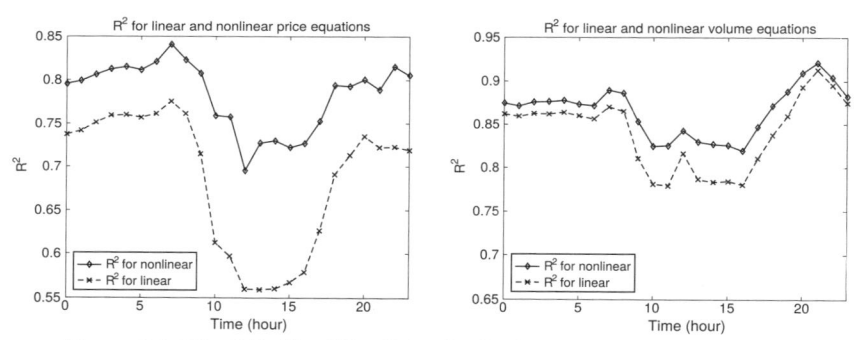

図 3-8　決定係数の比較（左：価格に関する式，右：約定量に関する式，実線：非線形モデル，破線：線形モデル）

まず，右図の約定量を被説明変数とする回帰式における決定変数の比較では，線形の場合でも決定係数の値は高いものの，非線形関数を用いることによって決定係数が改善されていることが分かる．一方，左図の価格を被説明変数とする回帰式では，非線形モデルの場合も（約定量に対してのものと比較して）決定係数の値が低下しているが，昼間の時間帯を中心に，線形モデルの方が低下の度合いが大きい．図 3-9 は，このような決定係数間の差異を見るために，非線形モデルにおける決定係数から線形モデルにおける決定係数を引いた値を，価格と約定量の回帰式についてそれぞれ表示したものである．ただし，実線は，価格に対しての回帰式の決定係数の差であり，破線は約定量に対してのもので

ある.これらの比較から,決定係数に関しては,非線形モデルを用いることによって,特に昼間の時間帯を中心に,相対的に高い改善効果が得られていることが分かる.

本論文で新たに提案した供給・需要関数の推定手法においては,価格に対する回帰式の残差は y 軸方向における価格の実績値 P_t と回帰予測値 $\hat{P}_t$ との誤差 $P_t - \hat{P}_t$,約定量に対する回帰式の残差は x 軸方向における約定量の実績値 V_t と回帰予測値 $\hat{V}_t$ との誤差 $V_t - \hat{V}_t$ を与えるものと捉えることができる.したがって,実績値の座標 $(x, y) = (V_t, P_t)$ と回帰予測値の座標 $(\hat{x}, \hat{y}) = (\hat{V}_t, \hat{P}_t)$ との距離の 2 乗は,x 軸方向と y 軸方向の残差の 2 乗の和,すなわち,

$$(x - \hat{x})^2 + (y - \hat{y})^2 = \left(V_t - \hat{V}_t\right)^2 + \left(P_t - \hat{P}_t\right)^2 \tag{18}$$

によって計算される.(18) 式右辺で定義される実績値との距離は,回帰予測値で実績値を予測した場合の予測誤差の 2 乗と考えられ,また予測誤差の 2 乗の標本平均は,予測誤差の標本分散を与える.実際に,(18) 式から計算される予測誤差の標本分散は,約定量に対する回帰式の残差分散と価格に対する回帰式の残差分散の和であり,本論文ではこの残差分散の和のことを,線形の場合は

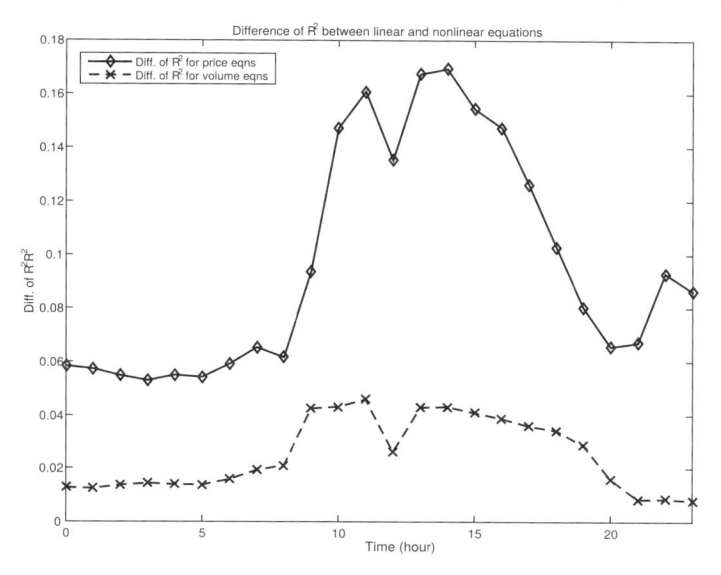

図 3-9 決定係数の差の比較 (実線:価格に関する回帰式,破線:約定量に関する回帰式)

線形モデルの誤差分散，非線形の場合は線形モデルの誤差分散と呼ぶことにする．このとき，非線形モデルを用いることによる誤差分散改善率を，

$$\text{誤差分散改善率} := \frac{\text{非線形モデルの誤差分散}}{\text{線形モデルの誤差分散}} \tag{19}$$

によって定義すると，この値が1を下回りかつ低い値をとるほど，非線形モデルによる誤差の改善効果が高いことが分かる．図 3-10 は，このように定義される誤差改善率を各時間帯について計算したものである．結果が示唆する改善効果は，図 3-9 が示すものとほぼ同様の傾向であるが，全体的に見ても，非線形モデルを利用することにより，特に昼間の時間帯に高い改善効果が得られることが観測されている．

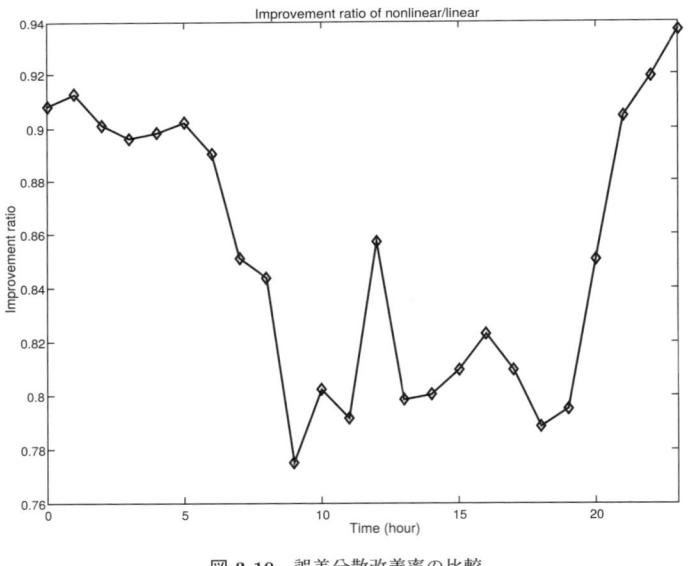

図 3-10 誤差分散改善率の比較

4 実証分析 2：約定率に基づく推定手法との比較

山田ら (2015) では，観測データから JEPX スポット市場の供給・需要曲線を構築するため，入札量を総量で割った値を入札率と定義し，入札率と価格の

関係を表す関数（あるいは入札率関数）を推定した上で，供給・需要曲線を与える入札量-価格関数（あるいは入札関数）に変換する手法を提案している．本節では，山田ら (2015) の手法を約定率に基づく推定手法（あるいは約定率モデル）と呼ぶこととし，本論文で提案した手法である供給・需要関数の媒介変数表示推定モデルとの比較を行う．

4.1 約定率に基づく供給・需要関数

第 t 日における時刻 m の時間帯価格を P_t，約定量を V_t，売り入札総量を $\bar{V}_{S,t}$，買い入札総量を $\bar{V}_{B,t}$，売り約定率を $S_t := V_t/\bar{V}_{S,t}$ (**S**ell matching rate)，買い約定率を $B_t := V_t/\bar{V}_{B,t}$ (**B**uy matching rate) と表記する[8]．山田ら (2015) の推定手法においては，売り入札率関数 $\bar{f}$，買い入札率関数 $\bar{g}$ を次式の GAM から推計することで，入札率関数を構築している．

$$\begin{aligned}P_t =& f(S_t) + g(B_t) + h(T_t) + \beta_1 Mon_t + \cdots \\ & + \beta_6 Sat_t + \beta_7 Holiday_t + \beta_8 Period_t + \varepsilon_t\end{aligned} \quad (20)$$

ただし，f, g, h は平滑化スプライン関数，T_t は第 t 日における時刻 m の全国気温インデックス，ε_t は残差項であり，ダミー変数等は (12)，(13) 式と同様に定義される．

GAM (20) の第 3 項以降は，下記に示す売り約定率関数 $\bar{f}$，買い約定率関数 $\bar{g}$ を構築する際の共通項（システマティック・ファクター）を与える．ここでは，システマティック・ファクターをまとめて，

$$\begin{aligned}Systematic_t =& h(T_t) + \beta_1 Mon_t + \cdots \\ & + \beta_6 Sat_t + \beta_7 Holiday_t + \beta_8 Period_t\end{aligned} \quad (21)$$

のように記述する．また，$\bar{f}_t, \bar{g}_t$ を以下のように定義する．

$$\begin{aligned}\bar{f}_t(r_S) &= f(r_S) + g(B_t) + Systematic_t, \\ \bar{g}_t(r_B) &= g(r_B) + f(S_t) + Systematic_t\end{aligned} \quad (22)$$

---

[8] 前節までと同様に，同一時間帯における 0 分と 30 分の各変数の平均値を時間帯価格，約定量，入札総量として使用し，（時間帯に関する引数 m は省略されているが）全ての変数，および以降で導入する平滑化スプライン関数，回帰係数は，時間帯ごとに観測，あるいは推定されるものとする．

(22) の 2 式における第 1 項以外の項は，時点 t における説明変数の観測値（あるいは予測値）が与えられれば固定されることに注意する．f, g が，それぞれ単調増加，単調減少であれば，$\bar{f}_t(r_S)$, $\bar{g}_t(r_B)$ は $r_S = S_t, r_B = B_t$ で唯一の交点をもち，このときの交点 $\bar{f}_t(S_t) = \bar{g}_t(B_t)$ は P_t の推定値を与える．観測値として価格 P_t も与えられれば，残差 ε_t も計算されるので，$\bar{f}_t, \bar{g}_t$ を

$$\bar{f}_t(r_S) = f(r_S) + g(B_t) + Systematic_t + \varepsilon_t, \\ \bar{g}_t(r_B) = g(r_B) + f(S_t) + Systematic_t + \varepsilon_t \quad (23)$$

のように再定義すれば，価格の実績値 P_t に対し，$\bar{f}_t(S_t) = \bar{g}_t(B_t) = P_t$ が成り立つ．このように，$\bar{f}_t, \bar{g}_t$ は，それぞれ，観測変数に関する実績値が与えられた際の，売り入札率関数，買い入札率関数の推定値を与える．一方，S_t, B_t を所与として，将来時点の価格を予測するようなケースにおいては，残差 ε_t を 0 に設定することも考えられる．このような場合は，(22) 式の $\bar{f}_t, \bar{g}_t$ を，売り入札率関数，買い入札率関数の推定値として利用することが可能である．また，一旦，入札率関数が推定されれば，供給・需要関数は，x-y 平面上で以下のように与えられる．

$$y = \bar{f}_t\left(x/\bar{V}_{S,t}\right), \quad y = \bar{g}_t\left(x/\bar{V}_{B,t}\right) \quad (24)$$

ただし，$\bar{V}_{S,t}, \bar{V}_{B,t}$ は，それぞれ，売り入札総量，買い入札総量である．

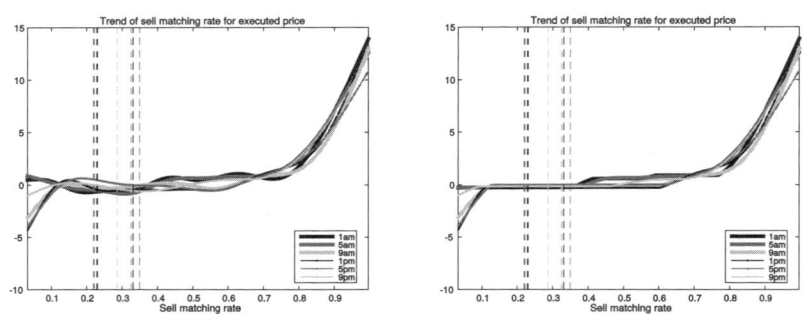

図 **3-11** 価格に対する売り約定率のスプライン関数（左：単調化前，右：単調化後）

図 3-11，図 3-12 は，GAM (20) を適用して約定率の平滑化スプライン関数を推定した際の推定結果を，単調変換前（右図）と後（左図）で表示したもの

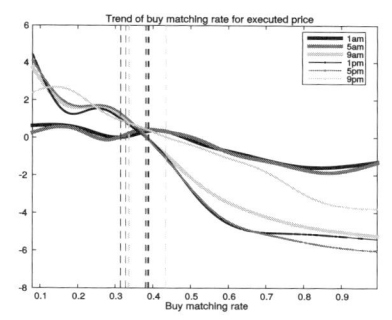

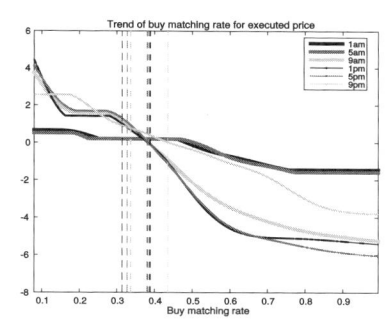

図 3-12 価格に対する買い約定率のスプライン関数（左：単調化前，右：単調化後）

である．まず，図 3-11 に示す売り約定率のスプライン関数推定結果からは，約定率が 0.7 を上回るあたりから約定率の上昇とともに価格が大きく上昇し，約定率の上昇に対する価格感応度も高いことが分かる．売り入札の原資を与えると考えられる火力発電の場合，発電コストの高い発電所の電力ほど高い価格で入札されるものと考えられるが，約定率が高い場合，通常は約定されない高い価格の電力も約定されるので，このような急激な価格上昇が生じるものと考えられる．特に，約定率が 0.9 以上の場合と 0.7 以下の場合では全ての時間帯において価格に 10 円程度の差があり，売り約定率が高い値で推移した場合，約定率の変化が価格の大幅な上昇につながることが示唆される．

図 3-12 の買い約定率についてのスプライン関数推定結果からは，売りのケースとは逆に約定率の低下にともなう価格の上昇が観測される．ただし，買い約定率のスプライン関数の場合，日中と夜間で傾向が異なり，夜間の方は時間帯ごとに形状が若干異なる．一方，日中の場合，約定率が減少するにつれて価格は緩やかに上昇するが，0.6 以下のところで傾きが急になり，中央値に近い 0.3–0.35 以下のあたりで一度フラットになる．さらに，約定率が 0.2 を下回るあたりで価格が大きく上昇することが見てとれる．

図 3-13 の実線は，単調変換後の決定係数を，点線で与えられる単調化前の決定係数との差とともに表示したものである．ただし，図 3-7 と同様に，実線上から表示されているグレーの線分の長さは，単調変換前の決定係数との差を表し，決定係数の差は右側縦軸の目盛で表示されている．約定率のスプライン関数においても，決定係数の差で与えられる単調化の影響は微小であることが，

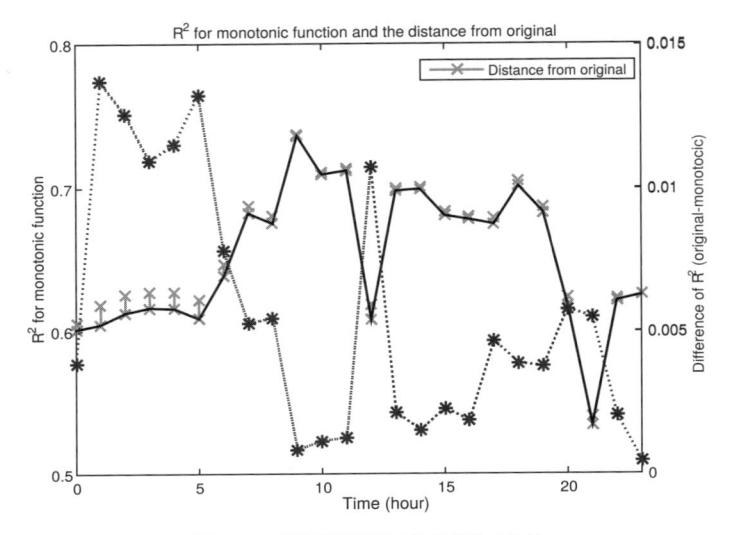

図 3-13 単調変換前後の決定係数の比較

図 3-13 から観測されることが分かる.

4.2 約定率モデルと媒介変数表示推定モデルの比較

約定率に基づく推定手法では,価格を被説明変数とする GAM (20) を適用して供給・需要関数を構築するのに対して,媒介変数表示推定モデルでは,価格と約定量をそれぞれ被説明変数とする GAM (12), GAM (13) を利用して,供給・需要関数を構築している.特に,GAM (12) と GAM(20) を比較すると,GAM (12) は入札総量 $\bar{V}_{S,t}, \bar{V}_{B,t}$ を説明変数としているのに対して,GAM (20) は約定率 S_t, B_t を用いている点が異なるのみで,その他の変数は共通である.また,GAM (12), GAM(20) はともに価格を被説明変数としているので,これらの GAM の決定変数を比較することによって,媒介変数表示推定モデルと約定率モデルの価格に対する説明力を比較することができる.そこで本項では,このような価格を被説明変数とする GAM の,両モデルにおける決定係数の比較を行う.さらに線形モデルを仮定した際の t 値を比較することにより,単調性の有意性について考察する.

図 3-14 は,媒介変数表示推定モデルにおける GAM (12) と約定率モデルにお

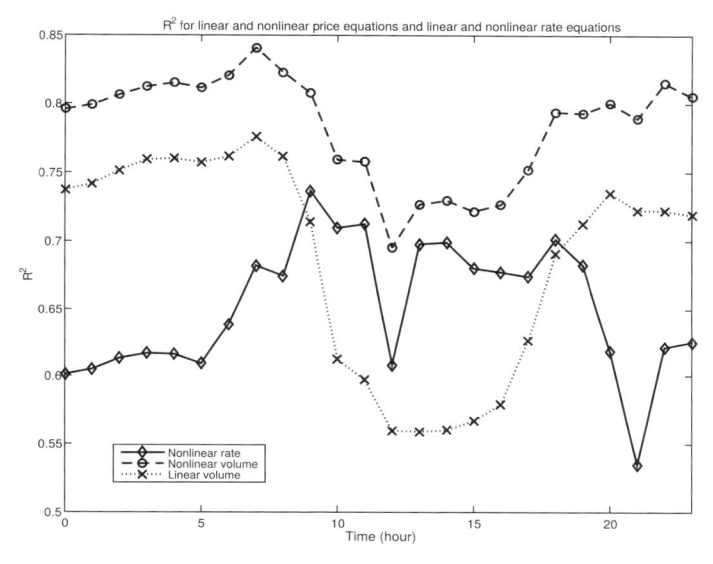

3　媒介変数表現に基づく JEPX スポット電力供給・需要関数の推定　　87

図 3-14　決定係数の比較

ける GAM (20) の決定係数を，時間帯ごとに表示したものである．ただし，ボックス内に示される凡例において，実線は約定率モデルの GAM (20)（nonlinear rate），破線は媒介変数表示推定モデルの GAM (12)（nonlinear volume）の決定係数である．また，比較のため，GAM (12) の入札総量の平滑化スプライン関数を線形関数で置き換えた，線形モデル（linear volume）の決定係数も点線で表示している．この図から，約定率モデルの GAM (20) の場合，昼間の時間帯は線形モデルの決定係数の値を上回るものの，非線形関数を用いた媒介変数表示推定モデルと比較すると，媒介変数表示推定モデルの方が決定係数が高いことが分かる．

このように，約定率モデルの場合，価格に対する説明力という点では媒介変数表示推定モデルを必ずしも上回るものではない．一方で，以下のように回帰係数の t 値を比較すると，媒介変数表示推定モデルで供給・需要関数を推定する場合，価格を被説明変数，入札総量を説明変数とした際の単調性が有意ではない，あるいは時間帯によっては正負の符号が逆になる場合があることを示すことができる．

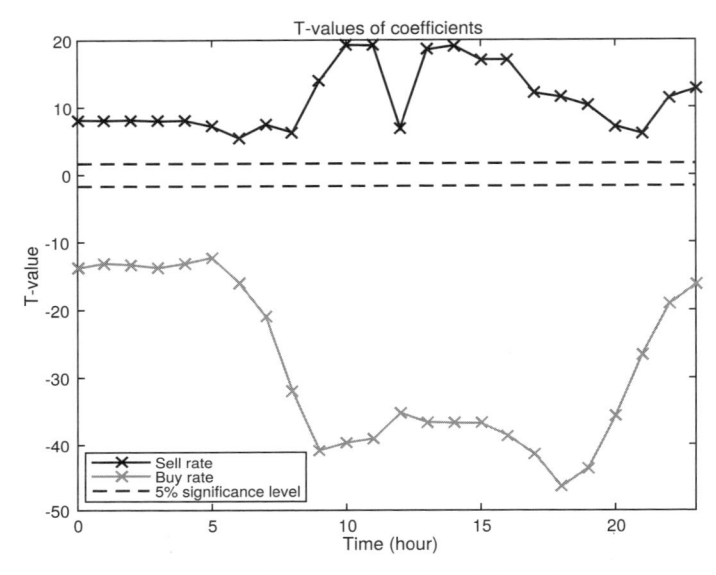

図 3-15　売り約定率と買い約定率の係数の t 値

　まず，約定率モデルの場合，このような単調性は棄却されないことを確認する．図 3-15 の黒とグレーの実線は，GAM (20) における約定率の平滑化スプライン関数に関する項を，それぞれ売り約定率，買い約定率の線形式に置き換えた場合の回帰係数の t 値を，時間帯ごとに表示したものである．ただし，x 軸に平行な破線は，片側 t 検定 5% 有意水準である．このような平滑化スプライン関数に関する項を線形関数で置き換えた際の回帰係数は，（売りあるいは買いの）約定率変化に対する価格変化の平均的な増加あるいは減少傾向を与え，例えば売り約定率についての t 値が正で有意であれば，売り約定率変化に対して価格は単調増加傾向にあることを示す．図 3-15 の結果から，売り約定率については価格は有意に単調増加であり，買い約定率については単調減少であることが，このように t 値を計算することにより確認することができる．

　図 3-16 は，図 3-15 と同様に，媒介変数表示推定モデルにおける買い入札総量，売り入札総量の項を線形関数とした場合（すなわち (16)，(17) 式）の係数の t 値を示す．ただし，左図の黒と濃いグレーの線（Sell in volume と Buy in volume の線）は，それぞれ，約定量を被説明変数とする (17) 式の売り，ある

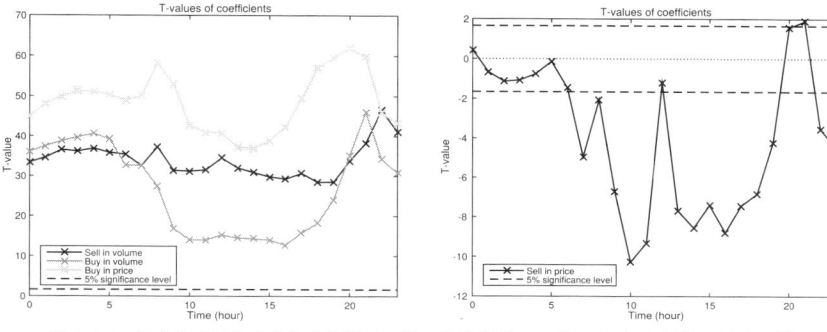

図 3-16 約定量に対する売り入札総量，買い入札総量の t 値 (左図) と価格に対する買い入札総量の t 値 (右図)

いは買い入札総量の係数の t 値，薄いグレーの線（Buy in price の線）は，価格を被説明変数とする (16) 式の買い入札総量の t 値，破線は5%有意水準である．なお，想定される符号条件が負で与えられる，GAM (16) の価格を被説明変数とする場合の売り入札総量の t 値のみ，図3-16 右図に別途表示している．これらの結果から，約定率を説明変数とするモデルは約定率の係数が全て正で有意，あるいは負で有意で，想定される符号条件も一致するが，価格を被説明変数，入札総量を説明変数とするモデルにおける売り入札総量の係数は，24個中1/3にあたる8個が，係数を0とする帰無仮説を有意水準5%で棄却できず，また，符号条件が逆側で有意なものも存在している．

4.3 供給・需要関数の構築

最後に，前項までに導入したの2つの手法を用いて，午前9時の価格における分析期間の価格最小値，中間値，最大値を与える日付について，入札量-価格関数（供給・需要関数）を計算する．図 3-17〜3-19 の左図は，媒介変数表示推定モデルに基づく供給・需要関数 (14), (15) の推定結果，右図は約定率に基づく入札率関数から構築される供給・需要関数 (22) の推定結果を，上から価格最小値，中間値，最大値の順で表示したものである．ただし，黒の実線は売り入札量-価格関数，グレーの実線は買い入札量-価格関数，x 軸，y 軸に平行な点線は，それぞれ約定価格と約定量の実績値を表し，図の上に日付が記載されている．また，同一スケールで比較するため，これらの図は左右とも，x 軸，y 軸の

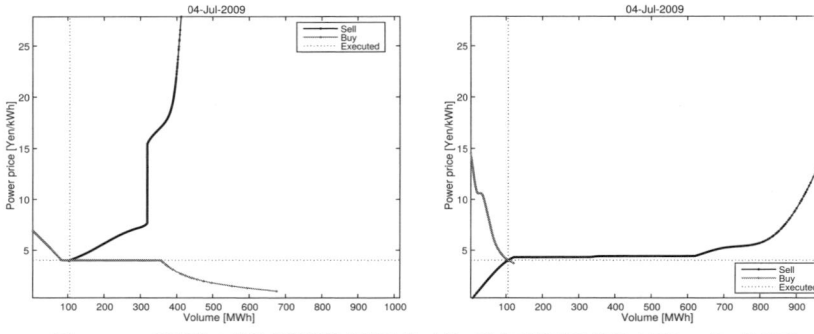

図 3-17　9 時価格の供給需要関数推定結果（左：媒介変数表示推定モデル，右：約定率モデル）【価格最小値】

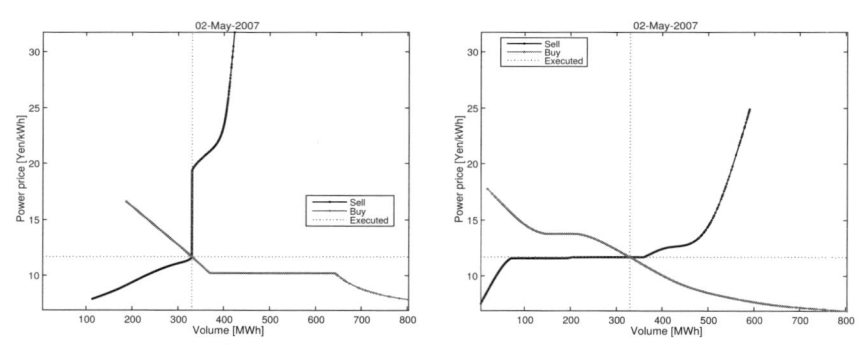

図 3-18　9 時価格の供給需要関数推定結果（左：媒介変数表示推定モデル，右：約定率モデル）【価格中央値】

目盛を等しくとっている．

　まず，図 3-17 について，軸のスケールをそろえているので表示はされていないが，左図の需要関数における入札量に，実際には負の値をとるものが存在している．これは，媒介変数表示推定モデルを構築する際に，約定量と約定価格の実績値が交点に合うように，供給・需要関数をスライドさせていることによるものであり，媒介変数表示推定モデルの場合，このように実際の入札量のとりうる値の範囲外で関数を計算することがありうる．また，入札量の最大値についても，右図の約定率モデルの場合は，必ず最大値が当該日の入札総量に一致するが，媒介変数表示推定モデルの場合，例えば図 3-17 においては，売り入札量の最大値は売り入札総量実績値の半分以下，買い入札量の最大値は買い入

3　媒介変数表現に基づく JEPX スポット電力供給・需要関数の推定　　91

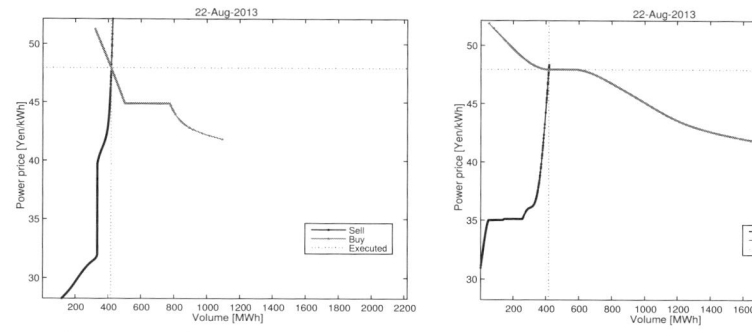

図 3-19　9 時価格の供給需要関数推定結果（左：媒介変数表示推定モデル，右：約定率モデル）【価格最大値】

札総量実績値を大きく上回るものとなっている．

　同様の傾向は，図 3-18，図 3-19 でも観測されるが，約定価格が高い方が，約定率モデルと媒介変数表示推定モデルが示す供給・需要関数の形状がより近いものになる．ただし，媒介変数表示推定モデルの場合，供給関数が垂直になる個所があるが，これは約定量に対する売り入札総量のスプライン関数を単調化した際に，図 3-6 に示すようにフラットとなる個所が存在するためである．供給関数が垂直になることは価格ジャンプを説明しているとも捉えることができるが，一方で，図 3-6 のように推定結果がフラットになることは，この領域においてスプライン関数が有意に推定されていないことも原因として考えられ，さらなる検討が必要である．

5　まとめと今後の課題

　本研究では，JEPX スポット市場の供給・需要関数推定問題に焦点を当て，ノンパラメトリック回帰の一つである GAM を適用することにより，媒介変数表現された供給・需要関数を推定する手法を新たに提案した上で，供給・需要関数の表現に線形関数を用いた線形モデル，および既提案手法である約定率に基づく推定手法との比較を行った．本論文の提案手法である媒介変数表示に基づく供給・需要関数推定モデルを JEPX スポット電力の実績データに対して適用し，実証分析を実施した結果，提案モデルに関して以下の優位性が確認された．

- 供給・需要関数の媒介変数表現に線形関数を用いた線形モデルと比べて，決定係数や回帰予測値による誤差の改善効果が得られること．
- 約定率に基づく推定手法と比べて，価格を説明する際の決定係数が向上すること．

一方，単調性に関しては，約定率に基づく推定手法は全ての推定結果について有意に単調性が成り立つものの，媒介変数表示に基づく供給・需要関数推定モデルについては，売り入札総量の係数の有意性が成り立たないケースも観測され，さらなる検討が必要である．今後の課題としては，両手法を組み合わせることによる，供給・需要関数の推定精度向上が挙げられる．また，本論文では，JEPXが各時間帯において公開するスポット電力の約定量，約定価格，および売り入札総量，買い入札総量を用いて供給・需要関数の推定を行うことを主眼に分析を行ったが，例えば過去データに基づき翌日の供給・需要関数やその交点を与える約定量・約定価格の予測も重要なテーマと考えられる．このような予測問題に対する適用，および外挿予測精度の検証を含めた比較については今後の課題としたい．

〔参考文献〕

大藤建太・兼本　茂 (2008)，「状態空間モデルを用いたJEPX価格モデリングの基礎検討」『電気学会論文誌 (B)』**128** (1), 57–66.

大藤建太・巽　直樹 (2013)，「誤差修正モデルを用いたJEPX前日スポット約定量の時系列分析」『電気学会論文誌 (B)』**133** (8), 664–671.

辻谷将明・外山信夫 (2007)，「RによるGAM入門」『行動計量学』**34** (1), 111–131.

西川　寛 (2005)，「需給明示型モデルによる電力取引市場価格仮定の分析」『JAFEE冬季大会予稿集』92–105.

日本卸電力取引所 (2004)，「取引ガイド」Ver. 1.40 (http://www.jepx.org/).

山口順之 (2007)，「同時方程式モデルを用いたJEPXの電力取引動向の実証研究」『電力中央研究所研究報告書』Y06006.

山田雄二・牧本直樹・高嶋隆太 (2015)，「一般化加法モデルを用いたJEPX時間帯価格予測と入札量-価格関数の推定」中妻照雄・山田雄二・今井潤一編，『ジャフィー・ジャーナル―金融工学と市場計量分析　ファイナンスとデータ解析』朝倉書店，8–39.

Clewlow, L. and Strickland, C. (2000), *Energy Derivatives*, Lacima Group.

Hastie, T. and Tibshirani, R. (1990), *Generalized Additive Models*, Chapman & Hall.

Miyauchi, H. and Misawa, T. (2014), "Regression Analysis of Electric Power Market Price of JEPX," *Journal of Power and Energy Engineering*, **2**, 483–488.

Wolberg, G. and Alfy, I. (1999), "Monotonic Cubic Spline Interpolation," *Proc. Int. Conf. Computer Graphics*, 188–195.

Wood, S. N. (2006) *Generalized Additive Models: An Introduction with R*, Chapman & Hall.

（山田雄二：筑波大学ビジネスサイエンス系）
（牧本直樹：筑波大学ビジネスサイエンス系）
（高嶋隆太：東京理科大学理工学部）
（後藤順哉：中央大学理工学部）

4 ティックデータを用いた株式市場における約定予測

杉浦 航・中妻照雄

概要 本稿では金融市場における約定予測のための新たなモデルを提案する．実務的観点からは，約定が為される時間と約定価格を同時に予測することが肝要であるという点に鑑み，ここで提案されるモデルはその双方を同時に予測するものである．具体的には，提案モデルは約定時間の予測モデルと約定価格の予測モデルという2つの要素から構成されている．約定時間の予測には，取引間隔（デュレーション）の時系列モデルを用いた．本稿の主たる先行研究である Zuccolotto (2004) では，自己回帰条件付きデュレーション（ACD）モデルを用いて約定時間の予測を試みているが，本稿では，もっと当てはまりがよいとされる確率的条件付きデュレーション（SCD）モデルを用いて予測を試みる．約定価格についての議論では，多くの先行研究がビッド・アスク・スプレッドや約定価格の変化率に焦点を合わせて来たが，本稿では，ティックデータを用いて次の約定は最良買気配値と最良売気配値のどちらで起きるのか，すなわち次の約定は「どちらの最良気配値において」為されるのかという点に着目する．さらに，本稿で提案するモデルは，約定の系列相関を明示的に取り入れている点が一つの大きな特徴となっている．本稿では，提案モデルの有効性を株式の注文単位のデータ（ティックデータ）を用いて検証・考察した．その際，約定時間については，ACDモデル，SCDモデルとベルヌーイ試行の3種類を，約定価格については，約定の系列相関とベルヌーイ試行の2種類をそれぞれ採用し，計6種類のモデルに対して検証を行った．結果として，約定時間を SCD モデルで予測し約定価格をその系列相関で予測したモデルが他のすべてのモデルよりも優れていることが示された．このことは，SCD モデルが ACD モデルよりも当てはまりがよいことを確認するだけでなく，約定の系列相関が約定予測において重要な意味をもつことも示唆している．

1　序　　　論

情報通信技術の発達と普及は，膨大な電子データの収集と蓄積に掛かるコストを劇的に低減させてきた．実際，e コマースの普及はオンライン市場における数億に及ぶ注文や取引などの情報収集を可能にし，ソーシャル・ネットワーク・サービス（SNS）の浸透は個人の嗜好に関するデータをテキスト形式ないし画像形式で蓄積することを可能にした．こうしたマーケット調査等の分野で集積された膨大な電子データは近年「ビッグデータ」と総称され，顧客の消費行動の予測や効率的なマーケット戦略の開拓など多岐に亘って利用されている．

ファイナンス分野においてビックデータに相当するものが，「ティックデータ」と呼ばれるもので，そこには金融市場における注文と取引に関する詳細な情報が記録されている．例えば，株式取引に関するティックデータには多くの場合，株式の銘柄コードや注文の種類（売り/買い），価格，数量，時間等，注文に関わるすべての個別情報が含まれている．株式が手動で取引されていた時代には，一日に生成されるティックデータは決して多くはなかったものの依然としてその集積が困難であった．それゆえ，ティックデータの利活用は，実務と研究の双方において遅々として進まなかった．しかし，今日の株式取引はオンライン取引システム上で行われるため，取引データの集積は極めて容易になっている．また，株式のオンライン取引の普及と共に，株式取引がより高速で行われるようになり，コンピュータを用いた HFT（High-Frequency Trading）が投資家の間で注目されるようになった．コンピュータの処理速度が高速化するにつれ，ますます多くの市場参加者が HFT やティックデータを利用するようになってきている．実際，今ではこうした HFT が実務で広く応用され，株式市場の価格形成における主要な要因とされるに至っている．ティックデータのタイムスタンプはミリ秒やマイクロ秒で記録されているため，データサイズがギガバイト級になることももはや珍しいことではなくなっている．

HFT が普及し大規模な金融取引データの集積が可能になったことで，ファイナンス分野におけるティックデータに関する研究が爆発的に進んだ．この分野

で最も盛んな研究の一つは，取引間の時間的間隔のモデルに関するものである．市場参加者，特に HFT を行う者にとっては，ある注文がいつ約定され，株価がどちらの方向に動くのかということが最大の関心事である．約定時間を予測するために，直近の取引と次のそれとの取引間隔（デュレーション）に関するモデル開発が試みられてきた．

しかしながら，ティックデータのデュレーションをモデル化する際には，「不定期性」と「不均一性」という二つの困難が伴うことが知られている．不定期性とは，経済学やファイナンスの他の分野で使われる時系列データとは異なり，ティックデータはその特性上，一定の決められた間隔で観測されないことによる性質である．一方，不均一性とは，一定期間（例えば，1秒間等）内の取引の密度が均一ではなく，取引時間に依存して変化する，という広く知られている現象に対応するものである．通常，一日の取引量は取引時間を通して上昇するが，昼休みにかけて一旦減少し，後場の開始と共に再び増加し引けにかけてピークを迎えるという軌跡を描く．この取引時間における不均一性は「日中季節性」と呼ばれている．また，ある期間の取引密度が高いとき，それに続く期間の取引密度も高くなり，逆にある期間の取引密度が低いとき，それに続く期間の取引密度も低くなる傾向があることも知られている．この取引密度が時間に依存して変化する性質は「デュレーション・クラスタリング」と呼ばれている．さらに，優良企業の株式は活発に取引されるのに対し，ほとんど取引が行われない企業もある．これらの性質のため，ティックデータの研究は暫く暗礁に乗り上げていたが，Engle and Russell (1998) が自己回帰条件付きデュレーション（Autoregressive Conditional Duration, ACD）モデルを考案したことで，ティックデータの研究は大きく前進した．ACD モデルは，一般化自己回帰条件付き不均一分散 (Generalized Autoregressive Conditional Heteroskedasticity, GARCH) モデルと似た形状をした，時間依存型のポアソン過程の一つである．ACD モデルでは，ある一定期間内の取引数はポアソン分布に従うものの，それらポアソン分布の密度はそれまでのデュレーションに依存しながら時間ごとに変化するようになっており，そのため前述のデュレーション・クラスタリングを表現することができる．後年，ACD モデル関連の研究が多く行われた．実際，

Ng, Allen and Peiris (2009) や Vuorenmaa (2011) はモデルの誤差項に改良を加えた．また，Bauwens and Veredas (2004) は ACD モデルを状態空間表現へ拡張した確率的条件付きデュレーション（Stochastic Conditional Duration, SCD）モデルを提案した．やや大胆に換言すると，ACD モデルと SCD モデルの関係は，GARCH モデルと確率的ボラティリティ（Stochastic Volatility, SV）モデルの関係と同じである．

ティックデータに関するもう一つのよく知られた特徴に「ビッド・アスク・バウンス」がある．ビッド・アスク・バウンスとは，約定価格が最良売気配値と最良買気配値との間で行きつ戻りつする傾向のことをいう．また同時に，極めて短期間で見ると，ある最良売気配値（もしくは買気配値）での約定があると，その次の約定も同じく最良売気配値（もしくは買気配値）で為される傾向にある点も指摘されてきた．そのため，最良売気配値もしくは最良買気配値での連続的な約定の連を観測することができる．実際，約定の連（最良売気配値/買気配値での約定の系列）の分布はベルヌーイ試行が示唆するよりも遥かに裾の厚い形をしている（後述の図 4-1 を参照）．この約定の系列相関は「ビッド・アスク・クラスタリング」と呼ばれる．Chiarella, Iori and Perellò (2009) や LeBaron and Yamamoto (2008)，Lillo and Farmer (2004) などは，注文の分割発注戦略や投資家の同調行動が，このビッド・アスク・クラスタリングを引き起こす要因として考えられると指摘している．このように，ほぼすべての先行研究が約定の系列相関の再現に重点を置いており，将来における約定の予測にこの性質を利用した研究は，管見の限りでは見受けられない．

本稿では，デュレーション・クラスタリングとビッド・アスク・クラスタリングの両方を表現する新しいモデルを提案し，実際の株式市場における約定予測に応用する．本稿が提案するモデルの特徴は，(i) ビッド・アスク・クラスタリングを明示的に取り込んでいる点と (ii) ビッド・アスク・スプレッドや価格変化ではなく，最良売気配値/買気配値での約定それ自体に注目している点の二点である．実務的観点からは，いつどの価格で次の約定が起きるのかを同時に特定することが必要である．本稿のモデルでは，簡単のため，これら約定の時間と価格は独立に決定するものであると仮定し，約定の時間と価格に関する確

率を別々にモデル化している．具体的には，約定時間に対しては ACD モデルや SCD モデルのようなパラメトリック・モデルを用い，ビッド・アスク・クラスタリングを表現する約定価格の系列相関はノンパラメトリックな手法によってモデル化している．

本稿の構成は以下の通りである．まず第 2 節で株式市場におけるマーケット・マイクロストラクチャーやティックデータの基礎を概観し，約定価格に関するいくつかの特徴を理論的観点から議論する．第 3 節はデュレーション・モデルとその推定手法について説明する．第 4 節で実証分析を行った後，第 5 節で結論と今後の展望を述べる．

2 マーケットマイクロストラクチャー

2.1 金融市場の基本的構造

この節では，金融市場の基礎理論であるマーケットマイクロストラクチャー理論を概観する．このトピックに関しては O'hara (1995) が詳しい．また，本節後半では本研究で使用したティックデータの形式について説明する．

一般に，「市場」とは人々が自身の欲するものをお互いに交換し合うための場である．そこでは，交換は買い手と売り手の同意に基づいて行われる．特に，近代の金融市場では，買い手と売り手はサーバーを通じて出会い，注文板（order book）上に自身の注文を発注する．金融市場上で為されるすべての注文・発注は，一定のルールに基づいてこの注文板に記録されていく．例として，表 4-1 は 2012 年 4 月 31 日のトヨタ自動車の株式取引におけるある瞬間の注文板のスナップショットを表している．表 4-1 上の「売数量」の列が売りに出されている株式の数量を表し，「気配値」の列は対応する売気配値を示している．例えば，表 4-1 の 5 番目の行は売気配値 2,818 円での売り注文が 3,000 株あることを示している．同様に，「買数量」の列は当該株式に対する買い注文の数量を表し，同じく「気配値」が対応する買気配値を表している．例えば，表 4-1 の 11 番目の行は買気配値 2,812 円での買い注文が 5,300 株あることを示している．注文板上の，売気配値の内で最安のものは特に「最良売気配値（best ask

表 4-1 注文板の一例（2012 年 4 月 31 日，トヨタ自動車）

	買数量 (株数)	気配値 (円)	売数量 (株数)
		⋮	⋮
(1)		2,822	23,400
(2)		2,821	4,200
(3)		2,820	17,200
(4)		2,819	10,600
(5)		2,818	3,000
(6)		2,817	2,100
(7)		2,816	2,000
(8)		2,815	15,400
(9)	4,700	2,814	
(10)	4,400	2,813	
(11)	5,300	2,812	
(12)	7,300	2,811	
(13)	2,100	2,810	
(14)	8,600	2,809	
(15)	2,200	2,808	
(16)	8,300	2,807	
	⋮	⋮	

price)」と呼ばれ，買気配値の内で最高のものは特に「最良買気配値（best bid price)」と呼ばれる．また，最良売気配値と最良買気配値の差のことを「ビッド・アスク・スプレッド（bid-ask spread)」と呼ぶ．表 4-1 においては，最良売気配値は 2,815 円，最良買気配値は 2,814 円で，ビッド・アスク・スプレッドは $2,815 - 2,814 = 1$ 円となる．当然のことながら，最良売気配値よりも高い価格で買ったり，最良買気配値よりも低い価格で売りたいと考える者はいないため，表 4-1 の左側の最良買気配値よりも上の部分や，右側の最良売気配値よりも下の部分は仕組み上「空」となっている．したがって，株式を売りたい場合には買気配値（表の下半分）を，買いたい場合には売気配値（表の上半分）を見ればよい．

注文の処理方法に関しては，一般に「板寄せ」と「ザラバ」の二つがある．前者においては，注文は一定時間になるまで，約定されることなしに集められ，時間になるとそれらは一斉に約定されるというものである．この方法による取引は，前場と後場それぞれの始まりと終わりにおいて行われる．一方後者におい

ては，注文は市場が開いている間であればいつでも断続的に約定され得る．市場の始めと終わりを除くほとんどの取引時間でこの方法が採用されている．

注文の約定ルールは市場ごとに異なっており，大きく「気配駆動型市場」と「注文駆動型市場」の二つに分けられる．気配駆動型市場では，すべての注文は必ずマーケットメーカーと呼ばれる専門業者を通して約定される．マーケットメーカーは特定の銘柄を取り扱い，膨大な持ち株を有している．マーケットメーカーは通常，信頼・信用できる顧客のみと取引し，普段取引のない顧客の注文を拒否することさえある．潜在的なリスクを引き受け，市場に流動性を供給する見返りに，マーケットメーカーはビッド・アスク・スプレッドを利して利益を得ることができる．この種の市場の代表的な例は，ロンドン株式市場，NASDAQ，外国為替市場である．一方の注文駆動型市場では，トレーダーの注文は直接市場に反映され，マーケットメーカーの仲介なしに約定される．注文駆動型市場においては，取引機会を提供するマーケットメーカーがいないため，注文板の更新や注文の約定は，予め決められたルールに基づいて自動的に行われる．気配駆動型市場と異なり，トレーダーは自分が誰と取引するかを選ぶことはできないが，表 4-1 で見たように流動性は視覚的に確認できる．東京証券取引所や大阪証券取引所などの日本の金融市場は，この種の市場の典型例である．

2.2 マーケットマイクロストラクチャーの理論的側面

1970 年代以降，取引方法の違いが金融市場における合理的な価格の発見過程にいかに影響を与えているのかという課題に対して研究がなされてきた．この分野の研究は特に 1980 年代以降盛んになり，「マーケットマイクロストラクチャー」と名付けられる一大分野を形成するに至った．マーケットマイクロストラクチャーに関しては，O'Hara (1995) のような包括的な研究を始め，膨大な量の研究が行われているが，注文や約定の特徴は価格，量，デュレーションという取引の三つの側面に要約される．この節では，これら三つの特徴量を巡る代表的な先行研究を概観する．

Easley and O'Hara (1987) は証券価格に与える取引規模の影響を研究し，大規模な取引と連続的な取引の両方が価格と量の関係に重要な影響を与えている

ことを指摘した．彼らのモデルでは，取引量の大小に関わらず，価格や価格スプレッドは取引量に影響を受けており，それゆえ大量の注文は金融市場のシグナルの役割を果たすことが示唆されている．Blume et al. (1994) は均衡理論の枠組みで，取引量のもつ情報について研究を行った．彼らは取引量の統計的性質と価格のそれとの関係性に注目し，価格からは得られないような情報を取引量が含み得るということを明らかにした．さらに，彼らは取引量がもつ情報を利用したトレーダーとそうでないトレーダーを比べると，前者の収益率の方が高いことを示した．これらの研究の他，Gallant, Rossi and Tauchen (1992) や Karpoff (1987) などの研究も取引量を取り扱っている．

　ビッド・アスク・スプレッドはマーケットメーカーにとっての目安となる指標であるから，ビッド・アスク・スプレッドの研究はマーケットメーカーの最適取引戦略策定の文脈で行われることが多い．マーケットメーカーはまず，ある価格で株式を買い，その後可能であればより高値で売り抜けることで，元のポジションに戻る（round-trip）という戦略をとる．売り手はより高い買気配値を望み，買い手は低い売気配値を望むため，ビッド・アスク・スプレッドは狭くなる傾向がある．しかしながら，マーケットメーカーはこの戦略を繰り返すことで利ざやを稼いでいる．したがって，マーケットメーカーは価格差による利益が引き受けるリスクを補填するような戦略をとる必要がある．O'Hara and Oldfield (1986) によれば，リスク回避的なマーケットメーカーは，リスク中立的なマーケットメーカーに比べ，より狭いビッド・アスク・スプレッドを形成するという．Glosten and Milgrom (1985) はさらに，スプレッドの原因としての情報の非対称性を研究している．彼らの研究は，情報の非対称性が実際に価格変化の系列相関を引き起こしていることを見出し，相関係数が情報の非対称性の相対的な差異を測る上での有効な指標となる可能性があると指摘している．

　デュレーションに関する研究は，マーケットマイクロストラクチャー理論においてのみならず，時系列分析においても行われてきた．Diamond and Verrecchia (1987) は，合理的期待モデルと空売り制約を用いて，情報の効率性を分析している．Admati and Pfleiderer (1988) は，一時的なデュレーションの

クラスタリングの他，取引量と収益率のボラティリティの関係についての研究を行っている．彼らは，これらの原因を流動性トレーダー（liquidity traders）と情報優位トレーダー（informed traders）それぞれの最適な意思決定の相互作用に帰している．流動性トレーダーは取引コストを最小化することを望むため，市場に取引相手が多く存在するほど頻繁に取引を行う傾向にある．さらに，均衡が存在する場合には，情報優位トレーダーは流動性トレーダーと同様の取引戦略をとることが最適となるが，このことが取引の一層の集中を招き，デュレーションのクラスタリング現象が形成されると指摘している．

2.3 マーケットマイクロストラクチャーの実証的側面

　ティックデータの需要が研究者と実務家双方の間で拡大するにつれ，ティックデータのプロバイダーの数も徐々に増え，またデータの品質も向上している．結果的に，ティックデータは今やマーケットマイクロストラクチャーに興味のある研究者や実務家の多くが利用できるまでになっている．ティックデータには先に述べた主要な三つの情報（価格，量，デュレーション）が記録されているため，マーケットマイクロストラクチャーの実証研究を行う者にとってなくてはならないデータであるといえる．

　表 4-2 は，ティックデータの標準的なフォーマットを表している．本稿で実証分析に使用した日経 NEEDS のデータから抜粋したものである．表 4-2 に示されているように，当データは注文板のスナップショットとして格納されている．例えば，最良売気配値が ③ で，④〜⑩ が最良売気配値よりも高い 7 つの売り注文を表している．同様に，最良買気配値が ⑫ で，⑬〜⑲ が最良買気配値よりも低い 7 つの買い注文を表している．加えて，当データは観測された場合には約定情報（②）も記録されている．この他にも，一行には多彩な情報が記録されているが，詳細については表 4-3 にまとめられている．

　ティックデータのサイズは大数の法則を適用する上で十分に大きいにも関わらず，例えば実現ボラティリティのようにティックデータから得られた推定量の分散は極端に大きくなる傾向にあり，安定的な推定値を得るのが困難であることが知られている．この現象を説明しようと多くの研究が行われている．一つの有力な説明は，我々が観測する超高頻度で変化する価格の系列には何らか

表 4-2 ティックデータの形式の一例

① 150020120131111 11 7203 0953333002+00000000197 0+0001031200128
② 110020120131111 11 7203 0953 03003+00002814 16 0+0000000400   0
③ 120020120131111 11 7203 0953333004+00002815   0 0+0000015400128
④ 150020120131111 11 7203 0953333004+00002816   1 0+0000002000128
⑤ 150020120131111 11 7203 0953333004+00002817   2 0+0000002100128
⑥ 150020120131111 11 7203 0953333004+00002818   3 0+0000003000128
⑦ 150020120131111 11 7203 0953333004+00002819   4 0+0000010600128
⑧ 150020120131111 11 7203 0953333004+00002820   5 0+0000017200128
⑨ 150020120131111 11 7203 0953333004+00002821   6 0+0000004200128
⑩ 150020120131111 11 7203 0953333004+00002822   7 0+0000023400128
⑪ 150020120131111 11 7203 0953333004+00000000   97 0+0001237300128
⑫ 120020120131111 11 7203 0953333005+00002814128 0+0000004700128
⑬ 150020120131111 11 7203 0953333005+00002813129 0+0000004400128
⑭ 150020120131111 11 7203 0953333005+00002812130 0+0000005300128
⑮ 150020120131111 11 7203 0953333005+00002811131 0+0000007300128
⑯ 150020120131111 11 7203 0953333005+00002810132 0+0000002100128
⑰ 150020120131111 11 7203 0953333005+00002809133 0+0000008600128
⑱ 150020120131111 11 7203 0953333005+00002808134 0+0000002200128
⑲ 150020120131111 11 7203 0953333005+00002807135 0+0000008300128
⑳ 150020120131111 11 7203 0953333005+00000000197 0+0001031200128
㉑ 120020120131111 11 7203 0953333006+00002815   0 0+0000015400128

表 4-3 ティックデータの各項目の定義

1200 20120131 11111 7203 0953 33 30 06 +00002815 0 0+0000015400 128
     (I)   (II) (III)(IV)(V)(VI)   (VII)   (VIII)   (IX)

	項目名	定義
(I)	年月日	YYYYMMDD (Y：年，M：月，D：日)
(II)	企業コード	4桁の企業コード
(III)	時刻1	HHMM (H：時，M：分)
(IV)	分類コード	"0"：約定した "1"：約定していない
(V)	時刻2	SS (S：秒)
(VI)	通し番号	同一秒内での通し番号
(VII)	価格	単位：円
(VIII)	取引の種類	"16"：最良売気配値で約定 "48"：最良買気配値で約定 "0"：その他
(IX)	注文量	単位：株数

の観測誤差が含まれている，というものである．この誤差の最大の要因は，約定価格が最良買気配値と最良売気配値の間を往復する「ビッド・アスク・バウンス」にあるとされている．この現象を取り扱った研究は数多くあるが，Harris (2002) はビッド・アスク・スプレッドの観点からビッド・アスク・バウンスの仕組みを分析し，直感的な説明を与えている．以下では，簡単にその内容を概観する．

　Harris (2002) はビッド・アスク・スプレッドを「取引費用スプレッド (transaction cost spread)」と「逆張りスプレッド (adverse selection spread)」の二つの要素に分けて説明する．無裁定機会の原則として知られるように，トレーダーの金融市場への自由な出入りにより，「公正な市場」が保たれる．そこでは，いかなる裁定機会も直ちに消滅してしまうため，理論上トレーダーは自身の戦略に要する費用に見合う「正常な利益 (normal return)」を得ることしかできない．したがって，取引費用スプレッドとは，十分に競争的な環境の下で，トレーダーが「正常な利益」を得るに足るだけの価格差のことを指す．一方，逆張りスプレッドとは，情報の非対称に起因する価格差である．仮にトレーダーが真の株価を知っていると，売り買いを繰り返すだけで彼らは「異常な利益 (abnormal return)」を上げることができる．彼らは真の価格よりも僅かに低い価格で株式を購入し，逆に真の価格より僅かに高い価格で売却しさえすればよいのである．この一連の取引行動により，株価が最良売気配値と最良買気配値の間を行ったり来たりする様子が観測され，これこそがビッド・アスク・バウンスと呼ばれる現象である．

　ティックデータ分析において知られるもう一つの現象が，「ビッド・アスク・クラスタリング」である．ビッド・アスク・クラスタリングとは，最良売気配値/買気配値での約定があると，その次の約定も最良売気配値/買気配値で起こる傾向があるという現象である．図4-1は，第5節の実証分析で使用するトヨタ自動車のティックデータにおける約定からなる連の長さのヒストグラムを表している．観測される連の数は，その連が長くなるほど，幾何分布（最良売気配値/買気配値での約定がベルヌーイ試行である場合の連の分布）が示す数よりも多くなることが見て取れる．

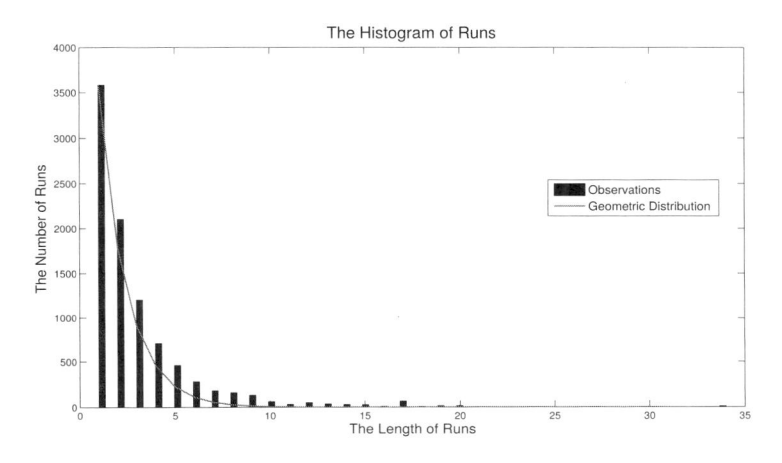

図 4-1 ビッド・アスク・クラスタリングの実例（トヨタ自動車）

視覚的な検証のみならず，統計的検定でもビッド・アスク・クラスタリングを確認することができる．これには連検定（run test）を使用する．ここで時系列データの値が正であるとき "+"，負であるとき "−" となる系列を考えよう．本稿のティックデータの場合は，最良売気配値/買気配値での約定で +/− と変化することになる．このとき連は「"+" あるいは "−" の連なり」として定義される．ある時系列データの連に関して，R をすべての連の数，m_+ を "+" の数，m_- を "−" の数とすると，連検定の検定統計量は以下のように定義される．

$$Z = \frac{R - \mu_R}{\sigma_R}, \quad \mu_R = \frac{2m_+ m_-}{m_+ + m_-} + 1,$$

$$\sigma_R^2 = \frac{2m_+ m_- (2m_+ m_- - m_+ - m_-)}{(m_+ + m_-)^2 (m_+ + m_- - 1)}$$

連が互いに独立に生成されているという帰無仮説の下では，検定統計量 Z は漸近的に標準正規分布に従うことが知られている．図 4-1 のトヨタ自動車の例では，$R = 40582$，$m_+ = 61963$，$m_- = 54429$ であった．したがって，$Z \approx -102.264$ となるから，帰無仮説が棄却され，ビッド・アスク・クラスタリングが確認される．

こうした約定の系列相関は，多くの研究で取り上げられている．Chiarella et al. (2009) や Lux (1995) は投機家相互の追随的な投資行動が，LeBaron and

Yamamoto (2008) は他の投資家の戦略を模倣するような投資行動が，ビッド・アスク・クラスタリングの原因であると指摘している．Yamamoto (2010) では，投資家は板情報を基に発注内容を決めており，それゆえ注文量やボラティリティ，注文種別などに系列相関が発生すると結論付けている．また，Lillo and Farmer (2004) は大口注文の分割発注に注目し研究を行っている．この取引戦略はマーケットインパクトの最小化戦略によるものであるが，この最小化戦略が約定における系列相関の原因となり得ることを示した．

本節で見てきたように，マーケットマイクロストラクチャー関連の研究は既に数多く行われており，約定価格や価格スプレッドに注目した研究は多いが，約定が観測された最良気配値に注目し株価変化を考察した研究は依然として少ない．本稿で提案するモデルでは，約定が観測された最良気配値が最良売気配値であるか最良買気配値であるかが明示的に考慮されている．また，ビッド・アスク・クラスタリングをモデルに組み込み，価格予測や取引戦略の決定に利用している．次節では，これらの要点を整理しながら，具体的なモデルの構築方法について説明する．

3 提案モデル

3.1 モデルの基本構造

前節で見たように，マーケットマイクロストラクチャーやティックデータ分析の分野では数多くのモデルが提唱されてきた．しかしながら，金融取引の実務に耐え得るだけの予測モデルには，約定が「いつ」起き，それが「どの」気配値なのかを予測する機能が求められるが，管見の限りでは，既存のティックデータに関するモデルの多くは，この要件を満たしていない．大抵の場合，「いつ」と「どの」という二つの情報の一方のみを予測しているに過ぎないのである．本稿では，これら二種類の情報を同時に取り扱う新たなモデルを提案する．

本論に入る前に，本稿で導入される記号 $(n, \tau_n, \delta_n, r_n, X_n)$ について付言する．t は時間を表し，n は時間 t までに観測された約定の回数を表す．また，n 番目の約定が観測された時間を τ_n で表すと，$n+1$ 番目の約定が観測されるま

でのデュレーション δ_{n+1} は

$$\delta_{n+1} = \tau_{n+1} - \tau_n. \tag{1}$$

で与えられる．さらに，X_n は次の約定がどちらの最良気配値で起こるかを表す確率変数とする．つまり，n 番目の約定を最良売気配値で観測したときには X_n は 1 の値をとり，最良買気配値で観測したときには X_n は -1 の値をとる．

$$X_n = \begin{cases} 1 & （最良売気配値での約定のとき）\\ -1 & （最良買気配値での約定のとき）\end{cases}$$

約定の系列相関（ビッド・アスク・クラスタリング）をモデルに取り入れることを考えて，直近の約定 X_n を含む連の長さを r_n でカウントする．具体的には，r_n は

$$r_n = \begin{cases} 1 & (X_n \neq X_{n-1} \text{ のとき}) \\ r_{n-1} + 1 & (X_n = X_{n-1} \text{ のとき}) \end{cases}$$

のような繰り返し計算で求められる．本稿では，「いつ」約定が起き，それが「どの」気配値なのかを予測することに主眼が置かれるため，以下の同時確率

$$\mathbb{P}(X_{n+1} = k, \tau_{n+1} \in (t, t + \Delta t] \,|\, X_n, \tau_n, r_n), \quad (k = -1, 1) \tag{2}$$

を求めることを目指す．ここで Δt は予め任意に決められる予測のためのタイムホライズンを表している．

X_{n+1} と τ_{n+1} の条件付き独立の仮定の下で，上述の同時確率は条件付き確率の法則を用いて，

$$\mathbb{P}(X_{n+1} = k, \tau_{n+1} \in (t, t+\Delta t] \,|\, X_n, \tau_n, r_n)$$
$$= \mathbb{P}(\tau_{n+1} \in (t, t+\Delta t] \,|\, \tau_n, r_n) \, \mathbb{P}(X_{n+1} = k \,|\, X_n, r_n)$$

のように二つの確率に書き下すことができ，これら二つの確率を別々に求めれば左辺の同時確率が求まる．本稿では，$\mathbb{P}(\tau_{n+1} \in (t, t+\Delta t] \,|\, \tau_n, r_n)$ はデュレーション・モデルで，$\mathbb{P}(X_{n+1} = k \,|\, X_n, r_n)$ はヒストグラムに基づくノンパラメトリック法でそれぞれ推定される．以下では，まず $\mathbb{P}(\tau_{n+1} \in (t, t+\Delta t] \,|\, \tau_n, r_n)$ のためのデュレーション・モデルの概要とその推定手順について導入し，次に予測確率 $\mathbb{P}(X_{n+1} = k, \tau_{n+1} \in (t, t+\Delta t] \,|\, X_n, \tau_n, r_n)$ を計算するアルゴリズムについて説明する．

3.2 条件付きデュレーションモデル

一般に「デュレーション」という言葉は連続した事象の時間間隔として定義されるが，本稿では連続した約定の時間間隔として解釈する．次の約定までのデュレーションは本質的に確率変数で，それゆえ約定のタイムスタンプは等間隔ではない．ティックデータが実務家や研究家の間で一般的になるに伴い，こうした間隔が一定でないデータを扱った文献の数も増加してきた．また，デュレーションの不均一性は独立ではない．金融市場に到達する情報量と取引の時間間隔との間には反比例の関係があり，より多くの情報が市場に流入するほどデュレーションは短くなり，逆に特段のニュースがないときにはデュレーションは長くなる傾向にある．そして，この傾向こそがデュレーションのクラスタリング現象，つまり長い（短い）デュレーションは長い（短い）デュレーションの後に生じやすい現象を引き起こしていると考えられる．

Engle and Russell (1998) はデュレーションの不均一性に対処できる画期的な時系列モデルを提案し，それは自己回帰条件付きデュレーション（Autoregressive Conditional Duration, ACD）モデルと名付けた．ACDモデルでは，デュレーション δ_n の条件付き期待値 $\bar{\psi}_n = \mathbb{E}_{n-1}[\delta_n]$ が

$$\bar{\psi}_n = \omega + \sum_{j=1}^{p} \phi_j \bar{\psi}_{n-j} + \sum_{j=1}^{q} \kappa_j \delta_{n-j}, \tag{3}$$

$$\omega > 0, \ \phi_1 \geq 0, \ldots, \phi_p \geq 0, \ \kappa_1 \geq 0, \ldots, \kappa_q \geq 0$$

という時系列構造をもつと仮定する．そして，δ_n が以下の分布から生成されると仮定する．

$$\delta_n = \bar{\psi}_n \epsilon_n \tag{4}$$

ここで ϵ_n ($n \geq \max\{p, q\}$) は互いに独立で正の値のみをとる連続的確率変数であり，指数分布（Engle and Russell (1998) など）やワイブル分布（Ng, Allen and Peiris (2009) や Vuorenmaa (2011) など）がよく使用される．(3)–(4)で構成されるACDモデルは一般的な定式化であるが，実証研究では $p = q = 1$ とした

$$\delta_n = \bar{\psi}_n \epsilon_n, \quad \bar{\psi}_n = \omega + \phi \bar{\psi}_{n-1} + \kappa \delta_{n-1} \tag{5}$$

がよく使われる．ACDモデルは尤度の評価が容易であるため，最尤法で推定

することが可能である．

ACD モデルは依然としてティックデータ研究における標準的なモデルとしての有効性を失っていないが，本稿では Bauwens and Veredas (2004) によって提案された別のデュレーション・モデルも採用する．Bauwens and Veredas (2004) はデュレーションのパラメトリック・モデルの状態空間表現を提案し，確率的条件付きデュレーション（Stochastic Conditional Duration, SCD）モデルと名付けた．1 次の SCD モデルは

$$\delta_n = \exp(\psi_n)\epsilon_n, \quad \psi_n = \omega + \phi\psi_{n-1} + \eta_n \tag{6}$$

で与えられる．ここで η_n は正規分布 $\mathcal{N}(0, \sigma^2)$ に従い，ϵ_n は ACD モデルと同じく正の定義域をもつ確率分布に従う．ϵ_n の分布として，Bauwens and Veredas (2004) ではワイブル分布とガンマ分布が提案されている．本稿では，ACD モデル (5) と SCD モデル (6) の ϵ_n の分布として指数分布 $f(\epsilon_n) = e^{-\epsilon_n}$ を使用する．

ACD モデル (5) では観測される過去のデュレーション $\{\delta_{n-j}\}_{j=1}^{n-1}$ のみがデュレーションの条件付き期待値 $\bar{\psi}_n$ の時間発展の源となっているのに対し，SCD モデル (6) では直接観測されない誤差項 η_n がデュレーションの時間発展の源となっている．また，ACD モデル (5) が確率的な方程式と決定論的な方程式から構成されているのに対し，SCD モデル (6) は状態方程式と観測方程式で構成される状態空間モデルとなっている．モデルの形状だけを見比べると，ACD モデルは GARCH(1,1) モデルに，SCD モデルは SV モデルにそれぞれ似ている．当然ながら SV モデルの研究と並行して，SCD モデルにも多くの拡張が提案されている．例えば，Xu, Knight and Wirjanto (2011) は状態方程式と観測方程式両方の誤差項に混合正規分布を使用し，Feng, Jiang and Song (2004) はレバレッジ効果を導入している．SCD モデルの推定方法として，Bauwens and Veredas (2004) では，擬似最尤法とカルマン・フィルタの組み合わせによるパラメータ推定を提案しているが，本稿ではより一般的な粒子フィルタを用いる．詳細は次項で説明する．

3.3 粒子フィルタによるモデルの推定

状態空間モデルの推定に際しては，潜在的な状態変数のフィルタリングとモデル内の未知のパラメータの推定という二つの問題がある．カルマン・フィルタの開発以降，これら二つの問題はベイズ統計学の枠組みで議論されて来た．カルマン・フィルタが適用できるモデルでは，状態変数の事後分布はカルマン・フィルタで求まり，尤度は解析的に評価可能である．そのためモデル内のパラメータは最尤法で推定される．同様のアプローチは，カルマン・フィルタが適用できず，粒子フィルタなどのモンテカルロ法に頼るしかないモデルに対しても応用可能である．しかし，モンテカルロ近似された尤度を最適化する作業は計算負荷が大きい上に，粒子フィルタで計算される対数尤度は近似誤差を含んでいる，という批判に必ず晒されることとなる．おそらく，これらの批判を回避する最も効率的で合理的な方法は，状態変数とパラメータの両方を粒子フィルタにおける繰り返し計算の過程で推定する方法であろう．Kitagawa (1998) はパラメータ推定に拡張された状態ベクトルを用いることを提案し，拡張されたモデルを自己組織化モデルと名付けた．本稿においても，Kitagawa (1998) による粒子フィルタを活用して非線形・非正規型の状態空間モデルである SCD モデルの推定を行う．

一般に時系列データ y_t に関する非線形・非正規型の状態空間モデルは以下のように書くことができる．

$$y_t = h(x_t, w_t|\theta), \quad x_t = f(x_{t-1}, v_t|\theta), \quad (t=1,\ldots,T) \tag{7}$$

ここで，x_t は観測されない状態変数で，v_t と w_t は誤差項，θ はモデル内のパラメータである[1]．このモデルは，二種類の分布に関する情報を含んでいる．y_t の条件付き分布 $p(y_t|x_t, \theta)$ と x_t の条件付き分布 $p(x_t|x_{t-1}, \theta)$ である．前者は $h(x_t, w_t|\theta)$ で与えられ，後者は $f(x_{t-1}, v_t|\theta)$ で与えられる．

通常の状態空間モデルにおけるフィルタリングでは，モデル内のパラメータを所与としたときの状態変数の推定にのみ興味が置かれ，推定手順は1期先予

---

[1] SCD モデル (6) では，(t, y_t, x_t, v_t, w_t) を $(n, \delta_n, \psi_n, \eta_n, \epsilon_n)$ に置き換えて，$\psi_n = f(\psi_{n-1}, \epsilon_n|\theta) = \omega + \phi\psi_{n-1} + \eta_n$ および $\delta_n = h(\psi_n, \epsilon_n|\theta) = \exp(x_n)\epsilon_n$ となっている．

測ステップとフィルタリング・ステップの二段階で構成される.以下では θ に対する依存性を無視するという意味で数式から θ を除いて議論を進める.そして,未知のパラメータの推定の説明をするときに改めて θ を復活させることにする.時点 $t-1$ での時点 $t-1$ までの観測値 $y_{1:t-1} = (y_1,\ldots,y_{t-1})$ が与えられた下での x_{t-1} の条件付き分布すなわち事後分布を $p(x_{t-1}|y_{1:t-1})$ とする.すると,時点 $t-1$ での x_t の1期先予測分布は,条件付き分布 $p(x_t|x_{t-1})$ を使うと

$$p(x_t|y_{1:t-1}) = \int p(x_t|x_{t-1})p(x_{t-1}|y_{1:t-1})dx_{t-1} \tag{8}$$

として与えられる.さらに,ベイズの定理を適用すれば,時点 t で y_t が観測されたときの x_t の事後分布 $p(x_t|y_{1:t})$ は

$$p(x_t|y_{1:t}) = \frac{p(y_t|x_t)p(x_t|y_{1:t-1})}{\int p(y_t|x_t)p(x_t|y_{1:t-1})dx_{t-1}} \tag{9}$$

と求まる.初期分布 $p(x_0)$ から初めて,(8) 式と (9) 式を繰り返し適用することで,状態変数 $\{x_t\}_{t=1}^T$ の事後分布を逐次的に評価することができる.これが状態変数のフィルタリングである.しかしながら非線形・非正規型の状態空間モデルによくあることであるが,(8) 式と (9) 式の積分の評価は解析的計算が困難な場合が多い.この問題を回避する一つの手法が粒子フィルタである.残念

Algorithm 1 粒子フィルタ

m 個の初期の粒子 $\{x_{0|0}^{(i)}\}_{i=1}^m$ を初期分布 $p(x_0)$ から生成し,以下のステップを $t = 1,\ldots,T$ に対して繰り返す.

(1) 乱数 $v_t^{(i)} \sim q(v_t)$ $(i = 1,\ldots,m)$ を生成する.
(2) $x_{t|t-1}^{(i)} = f(x_{t-1|t-1}^{(i)}, v_t^{(i)})$ $(i = 1,\ldots,m)$ を計算する.
(3) $\hat{p}_t^{(i)} = p(y_t|x_{t|t-1}^{(i)})$ $(i = 1,\ldots,m)$ を計算する.
(4) $\hat{q}_t^{(i)} = \hat{p}_t^{(i)} / \sum_{i=1}^m \hat{p}_t^{(i)}$ $(i = 1,\ldots,m)$ を計算する.
(5) $\{x_{t|t}^{(i)}\}_{i=1}^m$ を $\{x_{t|t-1}^{(i)}\}_{i=1}^m$ から確率 $\{\hat{q}_t^{(i)}\}_{i=1}^m$ で再抽出する.

ながら上記の粒子フィルタでは,モデル内の未知のパラメータの推定はできない.Kitagawa (1998) は,粒子フィルタを拡張して状態変数とモデル内のパラメータの同時推定を行う方法を提案した.Kitagawa (1998) では,状態変数 x_t

とパラメータ θ が

$$z_t = \begin{bmatrix} x_t \\ \theta \end{bmatrix}$$

のように，ベクトルで表現されている．この拡張された状態変数ベクトルを用いて状態空間モデルを書き直すと，

$$y_t = H(z_t, w_t) = h(x_t, w_t|\theta), \quad z_t = F(z_{t-1}, v_t) = \begin{bmatrix} f(x_{t-1}, v_t) \\ \theta \end{bmatrix} \quad (10)$$

となる．Kitagawa (1998) は，これを自己組織化状態空間モデルと呼んでいる．この表現を用いることにより，粒子フィルタは状態変数とパラメータの同時推定法に拡張される．さらに，θ が時変である場合でも同様の方法でモデル化できる．例えば，パラメータ θ_t $(t=1,\ldots,T)$ が酔歩連鎖 $\theta_t = \theta_{t-1} + u_t$ に従うと仮定すると，拡張された状態ベクトルを

$$z_t = \begin{bmatrix} x_t \\ \theta_t \end{bmatrix}$$

として，状態空間モデルは

$$y_t = H(z_t, w_t), \quad z_t = F(z_{t-1}, v_t) = \begin{bmatrix} f(x_{t-1}, v_t) \\ \theta_{t-1} + u_t \end{bmatrix} \quad (11)$$

で与えられる．

事後分布や1期先予測分布も同時分布の形をとるが，いずれも (8) 式と (9) 式の x_t を z_t で置き換えればよく，それぞれ

$$p(z_t|y_{1:t-1}) = \int p(z_t|z_{t-1}) p(z_{t-1}|y_{1:t-1}) dz_{t-1}, \quad (12)$$

$$p(z_t|y_{1:t}) = \frac{p(y_t|z_t) p(z_t|y_{1:t-1})}{\int p(y_t|z_t) p(z_t|y_{1:t-1}) dz_{t-1}} \quad (13)$$

となる．x_t と θ_t に関する周辺事後分布は，それぞれ θ_t と x_t について積分することで得られ，

$$p(x_t|y_{1:t}) = \int p(z_t|y_{1:t}) d\theta_t = \int p(x_t, \theta_t|y_{1:t}) d\theta_t, \quad (14)$$

$$p(\theta_t|y_{1:t}) = \int p(z_t|y_{1:t}) dx_t = \int p(x_t, \theta_t|y_{1:t}) dx_t \quad (15)$$

となる．つまり，初期分布 $p(x_0)$ と事前分布 $p(\theta_0)$ から初めて，(12) 式と (13) 式を繰り返し適用することで，状態変数 $\{x_t\}_{t=1}^T$ とパラメータ $\{\theta_t\}_{t=1}^T$ の事後分布を逐次的に評価することができるのである．ここでも解析的に積分を評価することは困難である場合がほとんどであるが，粒子フィルタを使うことで問題を回避できる．粒子フィルタによるパラメータ推定の手順の概略は以下のようにまとめられる．

Algorithm 2 粒子フィルタによる状態変数とパラメータの同時推定

---
m 個の粒子 $\{z_{0|0}^{(i)}\}_{i=1}^m$ を初期分布 $p(x_0)$ と事前分布 $p(\theta_0)$ から生成し，以下のステップを $t = 1, \ldots, T$ に対して繰り返す．
 (1) 乱数 $\{v_t^{(i)}\}_{i=1}^m \sim p(v)$ $(i = 1, \ldots, m)$ を生成する．
 (2) $z_{t|t-1}^{(i)} = F(z_{t-1|t-1}^{(i)}, v_t^{(i)})$ $(i = 1, \ldots, m)$ を計算する．
 (3) $\hat{p}_t^{(i)} = p(y_t | z_{t|t-1}^{(i)})$ $(i = 1, \ldots, m)$ を計算する．
 (4) $\hat{q}_t^{(i)} = \hat{p}_t^{(i)} / \sum_{i=1}^m \hat{p}_t^{(i)}$ $(i = 1, \ldots, m)$ を計算する．
 (5) $\{z_{t|t}^{(i)}\}_{i=1}^m$ を $\{z_{t|t-1}^{(i)}\}_{i=1}^m$ から確率 $\{\hat{q}_t^{(i)}\}_{i=1}^m$ で再抽出する．

3.4 約定の予測確率

デュレーション・モデルを利用するため，(1) 式を用いて $\mathbb{P}(\tau_{n+1} \in (t, t+\Delta t] \,|\, \tau_n, r_n)$ をデュレーションによる表現に書き改めよう．(1) 式を代入することで以下のデュレーション表現が得られる．

$$\begin{aligned}
\mathbb{P}(\tau_{n+1} \in (t, t+\Delta t] \,|\, \tau_n, r_n) &= \mathbb{P}(t < \tau_{n+1} \leq t + \Delta t \,|\, \tau_n, r_n) \\
&= \mathbb{P}(t < \tau_n + \delta_{n+1} \leq t + \Delta t \,|\, \tau_n, r_n) \\
&= \mathbb{P}(t - \tau_n < \delta_{n+1} \leq t - \tau_n + \Delta t \,|\, \tau_n, r_n)
\end{aligned}$$

本稿では，この確率を ACD モデル (5) あるいは SCD モデル (6) でモデル化し，前項で説明した粒子フィルタによりパラメータを推定して評価する[2]．前項の Algorithm 2 から明らかなように，粒子フィルタによる状態変数とパラメータの推定は新しい観測値が得られるたびに逐次的に実行される．この特性を利用

---

 [2] ACD モデルは最尤法で推定可能であるが，本稿では時変パラメータを導入するため，ACD モデルも粒子フィルタで推定している．

し，本稿では新たな約定を観測するごとに状態変数とパラメータを粒子フィルタによって更新することにする．例えば，今，時点 $t = \tau_n$ にいるとしよう．この場合は約定が起きたばかりであるため，求める確率は

$$\mathbb{P}(\tau_{n+1} \in (t, t+\Delta t] \,|\, \tau_n, r_n) = \mathbb{P}(0 < \delta_{n+1} \leq \Delta t \,|\, \tau_n, r_n)$$
$$= \int_0^{\Delta t} f(\delta_{n+1}|\tau_n) d\delta_{n+1} \quad (16)$$

で与えられる．ここで，$f(\cdot)$ はデュレーション・モデル（ACD または SCD）の予測分布を表す．(16) 式の積分は，粒子フィルタによる状態変数とパラメータのモンテカルロ標本を利用すれば簡単に求められる．さらに，新たな約定を時点 τ_{n+1} で観測したときには，この約定までの経過時間 $\delta_{n+1} = \tau_{n+1} - \tau_n$ を新しい観測値として粒子フィルタを適用し，予測分布を再計算した上で確率を更新することになる．

一方，次の約定の起きる前に約定されなかった新たな注文を観測した場合を考えよう．先行研究の多くでは約定に関する情報のみをデュレーションの予測に使用しているため，約定されない注文の存在は考慮されることは少ない．しかし，本稿では約定されなかった注文もまた市場に関する重要な情報をもっていると考え，これを約定の予測に活用する方法を提案する．仮に新たな注文を時点 t に観測したが約定されなかったとしよう．この場合の求める確率は，約定がなかった時間が $t - \tau_n$ だけ経過したという条件の下で $(t, t+\Delta t)$ の間に約定が起きる確率である．したがって，それは条件付き確率の定義を使うと

$$\mathbb{P}(\tau_{n+1} \in (t, t+\Delta t] \,|\, \delta_{n+1} > t - \tau_n, \tau_n, r_n)$$
$$= \frac{\mathbb{P}(t - \tau_n < \delta_{n+1} \leq t - \tau_n + \Delta t \,|\, \tau_n, r_n)}{\mathbb{P}(\delta_{n+1} > t - \tau_n \,|\, \tau_n, r_n)}$$
$$= \frac{\int_{t-\tau_n}^{t-\tau_n+\Delta t} f(\delta_{n+1}|\tau_n) d\delta_{n+1}}{\int_{t-\tau_n}^{\infty} f(\delta_{n+1}|\tau_n) d\delta_{n+1}} \quad (17)$$

で与えられる．$t = \tau_n$ のときには (17) が (16) に等しくなることに注意しよう．この確率 (17) も (16) と同じく粒子フィルタの活用で比較的簡単に求められる．

最後に約定が起きたという条件の下での最良売気配値と最良買気配値のどち

らで約定するかの確率の推定方法を説明しよう．これには観測された連の長さのデータからヒストグラム，つまり図 4-1 に示されるような経験分布を最良売気配値での約定が続いた場合と最良買気配値での約定が続いた場合の 2 種類用意し，これを用いて確率 $\mathbb{P}(X_{n+1} = k|X_n, r_n)$ を計算する．約定 $X_n = k$ $(k = -1, 1)$ と長さ $\bar{r}$ である約定の連を観測したとき，求める確率は

$$\mathbb{P}(X_{n+1} = k|X_n = k, r_n = \bar{r}) = \frac{\sum_{i=n+1}^{\infty} \mathbb{P}(r_i = \bar{r} + i - n|X_n = k)}{\sum_{i=n}^{\infty} \mathbb{P}(r_i = \bar{r} + i - n|X_n = k)} \quad (18)$$

で与えられる．この確率はヒストグラムの高さから簡単に計算される．このようにして (16) 式あるいは (17) 式の確率と (18) 式の確率が求まれば，これらを掛けることで約定まで時間と約定価格の同時確率 (2) が得られる．これを使って約定予測を行うのが，本稿の提案する手法である．

4 実 証 分 析

4.1 使用データとモデルの設定

本節では，前節で提案したモデルを実際の株式のティックデータ (トヨタ自動車) に応用し，その有効性について考察する．使用したデータはすべての注文や約定を格納しており，それゆえ各注文ごとのデュレーションも記録されている．実証分析に使用した期間は，2012 年 1 月 4 日から 18 日の 10 営業日を学習期間として，2012 年 1 月 19 日から 31 日の 9 営業日を予測期間として用いた．また，東京証券取引所では前場，後場ともに，市場開始時には板寄せ方式が採用されていることから，その影響を取り除くため，毎日の前場と後場の開始 30 分間をそれぞれ除外して扱った．したがって，使用したデータは，前場は 9:30 から 11:30 まで，後場は 13:00 から 15:00 までである．使用したデータに含まれる注文数と約定の割合は表 4-4 の通りである．

今回使用したティックデータのタイムスタンプの刻みは 1 秒であるため，同じ 1 秒間で複数の約定が成立する場合が存在する．本研究では，同じ 1 秒間に成立した（つまり，同じタイムスタンプ）の約定は等間隔で成立したという仮

表 4-4 ティックデータの基本統計

	観測値の数	最良売気配値 (%)	約定なし (%)	最良買気配値 (%)
2012 年 1 月 4〜18 日 (10 営業日)	301517	5.50	88.86	5.64
2012 年 1 月 19〜31 日 (9 営業日)	367320	6.54	87.74	5.72

定を置く．これは強い仮定と思われるが，ここではデータの制約のため止むを得ず許容する．

この実証分析において，SCD モデルのパラメータ $(\omega, \phi, \sigma^2, \lambda)$ の事前分布は

$$\omega \sim \mathcal{N}(0,1), \quad \phi \sim \mathcal{U}(-1,1), \quad \sigma^2 \sim \mathcal{IG}(5,2), \quad \lambda \sim \mathcal{IG}(5,0.2)$$

とする．ここで $\mathcal{U}(-1,1)$ は区間 $(-1,1)$ 上で定義される一様分布，$\mathcal{IG}(\cdot)$ は逆ガンマ分布である．一方，ACD モデルのパラメータ $(\omega, \phi, \kappa, \lambda)$ の事前分布は，λ は SCD モデルと同じものを使用し，(ω, ϕ, κ) については非負制約を満たすため，対数変換したものが正規分布 $\mathcal{N}(0,1)$ に従うと仮定している．さらに，Kitagawa (1998) の手法を使うときに設定すべきパラメータの酔歩連鎖の誤差項には，すべてパラメータに対して正規分布 $\mathcal{N}(0, (0.005)^2)$ を使用し，非負制約が不要のものには元のパラメータに，非負制約が必要なものには対数変換したものに加えることで時変パラメータを実現した．連の予測確率 (18) の評価に必要な連の経験分布（図 4-1 に示されるようなヒストグラム）は，学習期間の連のデータから計算して実証分析に使用する．

4.2 予測アルゴリズム

提案モデルのパフォーマンスを比較するため，先に説明した二つの確率の推定方法が各々異なる 6 種類のモデルを用意した．モデル 1 とモデル 2 では，確率 $\mathbb{P}(\tau_{n+1} \in (t, t+\Delta t) \,|\, \tau_n, r_n)$ は共に SCD モデルにより推定される．モデル 1 とモデル 2 の相違点は確率 $\mathbb{P}(X_{n+1} = k \,|\, X_n, r_n)$ の推定方法にあり，前者はビッド・アスク・クラスタリングを考慮するのに対し，後者は公平なコイントス，すなわち確率 0.5 で与えられる[3]．同様に，モデル 3 とモデル 4 は共に確率 $\mathbb{P}(\tau_{n+1} \in (t, t+\Delta t) \,|\, \tau_n, r_n)$ を ACD モデルで推定する一方，前者の確率 $\mathbb{P}(X_{n+1} = k \,|\, X_n, r_n)$ はビッド・アスク・クラスタリングで，後者の

---

[3] 表 4-6〜4-11 からもわかるように，この確率は厳密には 0.5 に等しくない．しかし，本研究ではモデルの簡略化のため確率 0.5 を採用した．

表 4-5 使用するモデルの概要

	$\mathbb{P}(\tau_{n+1} \in (t, t+\Delta t] \mid \tau_n, r_n)$		
$\mathbb{P}(X_{n+1}=k\mid X_n,r_n)$	SCD モデル	ACD モデル	ベルヌーイ試行
ビッド・アスク・クラスタリング	モデル 1	モデル 3	モデル 5
ベルヌーイ試行	モデル 2	モデル 4	モデル 6

それは確率 0.5 で与えられる.モデル 5 では,まず一定期間内に約定が生じるか否かを確率 0.5 で予測し,もし約定するのであれば,それはどちらの最良気配値で生じるのかをビッド・アスク・クラスタリングを用いて予測する.最後のモデル 6 は,一貫してベルヌーイ試行で予測するモデルである.つまり,$\mathbb{P}(\tau_{n+1} \in (t, t+\Delta t] \mid \tau_n, r_n)$ と $\mathbb{P}(X_{n+1}=k\mid X_n, r_n)$ の二つの確率を公平なコイントスで決定するモデルである.ところで,Bauwens and Veredas (2004) をはじめとする先行研究で SCD モデルの方が ACD モデルよりもフィットがよいと報告されていることから,モデル 1 が最良のパフォーマンスを発揮することが期待される.これら六つのモデルを用いて,一定時間 Δt 内に約定が生じるか否か,生じるならばそれはどちらの最良気配値で生じるのか,を予測する.したがって,各モデルが行う予測は,「約定なし」「最良売気配値での約定」「最良買気配値での約定」の 3 通りである.例としてモデル 1 とモデル 6 の予測アルゴリズムを要約すると,下表のようになる.

Algorithm 3 モデル 1

(ステップ 1) 約定の有無の予測
$\mathbb{P}(\tau_{n+1} \in (t, t+\Delta t] \mid \tau_n, r_n)$ を SCD モデルで評価する.

$$\begin{cases} 約定しない & (\mathbb{P}(\tau_{n+1} \in (t, t+\Delta t] \mid \tau_n, r_n) < 0.5) \\ 約定する & (\mathbb{P}(\tau_{n+1} \in (t, t+\Delta t] \mid \tau_n, r_n) > 0.5) \end{cases}$$

(ステップ 2) 約定する気配値の予測
もし約定すると予測した場合,

$$X_{n+1} = \begin{cases} 1 & (\mathbb{P}(X_{n+1}\mid X_n=1, \tau_n) > 0.5) \\ -1 & (\mathbb{P}(X_{n+1}\mid X_n=1, \tau_n) < 0.5) \end{cases}$$

Algorithm 4 モデル 6

(ステップ 1) 約定の有無の予測
コイントスで決定する.

$$\begin{cases} \text{約定しない} & (\text{確率 } 0.5) \\ \text{約定する} & (\text{確率 } 0.5) \end{cases}$$

(ステップ 2) 約定する気配値の予測
もし約定すると予測した場合,再度コイントスをして決定する.

$$X_{n+1} = \begin{cases} 1 & (\text{確率 } 0.5) \\ -1 & (\text{確率 } 0.5) \end{cases}$$

4.3 実証結果

実証結果を要約するため,観測データを以下の表にまとめた.

		実績			
		最良売気配値	約定なし	最良買気配値	
予測	最良売気配値	N_{11}	N_{12}	N_{13}	$N_{1.}$
	約定なし	N_{21}	N_{22}	N_{23}	$N_{2.}$
	最良買気配値	N_{31}	N_{32}	N_{33}	$N_{3.}$
		$N_{.1}$	$N_{.2}$	$N_{.3}$	N

シミュレーションでは,注文もしくは約定が観測されるたびに,次の約定に関する予測を立て,時間 Δt 後に,その予測が当たっていたか外れていたかを判定する.例えば,ある時点 t において時間 Δt 以内に最良売気配値で約定が生じると予測し,実際時点 t から時点 $t + \Delta t$ の間に最良売気配値での約定を観測した場合には,この予測を表中の N_{11} にカウントする.さらに,この表を要約するため,モデルのパフォーマンスを表す指標を以下のように設定した.

- $\alpha = \dfrac{N_{11} + N_{22} + N_{33}}{N}$
- $\beta = \dfrac{N_{11} + N_{33}}{N_{.1} + N_{.3}}$
- $\gamma = \dfrac{N_{11} + N_{33}}{(N_{11} + N_{13}) + (N_{31} + N_{33})}$
- $\rho_1 = \dfrac{N_{11}}{N_{.1}},\ \rho_2 = \dfrac{N_{22}}{N_{.2}},\ \rho_3 = \dfrac{N_{33}}{N_{.3}}$

α は的中した予測数が全予測数(全観測数)に占める割合を，β は的中した予測数が約定の観測数に占める割合を，γ は約定の予測数が的中した割合を意味している．また，ρ_1 と ρ_2，ρ_3 はそれぞれ，最良売気配値における約定を観測したときにそれを予測していた割合を，約定を観測しなかったときにそれを予測していた割合を，最良買気配値における約定を観測したときにそれを予測していた割合を意味している．本研究では，Δt として 0.1 秒[4]，1 秒，2 秒の三つを採用し，それぞれについて六つのモデルを比較した．各モデルの結果は表 4-6〜4-11 にまとめられている．そして，α，β，γ，ρ_1，ρ_2，ρ_3 の各指標による予測パフォーマンスの比較は，表 4-12 にまとめられている．

まず，ビッド・アスク・クラスタリングの効果を比較するため，表 4-12 におけるモデル 1 とモデル 2，モデル 3 とモデル 4 に注目する．三つの時間幅 ($\Delta t = 0.1, 1, 2$) すべてにおいて，すべての指標に改善が見られた．例えば，$\Delta t = 1$ の ρ_1 は，モデル 2 の 0.1409 からモデル 1 の 0.2288 へ増加している．$\Delta t = 2$ の ρ_3 は，モデル 4 の 0.3305 からモデル 3 の 0.4041 へ増加している．また，$\Delta t = 0.1$ のときの指標 β と γ をすべてのモデルについて比較すると，デュレーション・モデルが「約定なし」を予測しすぎる傾向にあり，それゆえ，指標 β の観点からは公平なコイントスが有効であるといえる．さらに，モデル 1 からモデル 4 の指標 β の値は，時間幅 Δt が増加するにつれて徐々に増加している．その増加の割合から，確かにビッド・アスク・クラスタリングがより精度の高い予測を可能せしめていることが示唆される．実際，モデル 1 とモデル 2 の指標 β は，モデル 3 やモデル 4 よりも急速かつ大幅に増加している．(同様のことは，指標 ρ_2 や指標 ρ_3 についても当てはまる．)

使用データのタイムスタンプは 1 秒刻みであるが，デュレーションが 0.1 秒未満のデータは全体の 0.2% のみで，半数は 1 秒未満のデュレーションで記録されている．そのため，$\Delta t = 0.1$ の場合には，N_{22} の値が大きくなる傾向がある．その結果，α が大きくなり，β が小さくなることが考えられる．加えて，デュレーション・モデルの有効性を比較するため，モデル 1 とモデル 2 (SCD

---

[4] 使用したティックデータのタイムスタンプは 1 秒刻みであるため，あくまでも参考のために $\Delta t = 0.1$ 秒の場合を含めていることに留意してほしい．

表 4-6 実証結果（モデル 1）

		実績			
		最良売気配値	約定なし	最良買気配値	
予測	最良売気配値	3107	7242	1906	12255
	約定なし	45835	257864	40483	344182
	最良買気配値	1786	6478	2601	10865
		50728	271584	44990	367302

		実績			
		最良売気配値	約定なし	最良買気配値	
予測	最良売気配値	23575	5949	7045	36569
	約定なし	72952	160892	63132	296976
	最良買気配値	6502	5583	21672	33757
		103029	172424	91849	367302

		実績			
		最良売気配値	約定なし	最良買気配値	
予測	最良売気配値	55236	22910	24398	102544
	約定なし	43995	90381	35890	170266
	最良買気配値	26242	19474	48776	94492
		125473	132765	109064	367302

* 上段（$\Delta t = 0.1$ 秒の場合），中段（$\Delta t = 1$ 秒の場合），下段（$\Delta t = 2$ 秒の場合）

表 4-7 実証結果（モデル 2）

		実績			
		最良売気配値	約定なし	最良買気配値	
予測	最良売気配値	2505	6820	2175	11500
	約定なし	45799	257777	40637	344213
	最良買気配値	2424	6987	2178	11589
		50728	271584	44990	367302

		実績			
		最良売気配値	約定なし	最良買気配値	
予測	最良売気配値	14515	5295	14102	33912
	約定なし	74035	161620	63847	299502
	最良買気配値	14479	5509	13900	33888
		103029	172424	91849	367302

		実績			
		最良売気配値	約定なし	最良買気配値	
予測	最良売気配値	40902	21431	36715	99048
	約定なし	43793	89951	35835	169579
	最良買気配値	40778	21383	36514	98675
		125473	132765	109064	367302

* 上段（$\Delta t = 0.1$ 秒の場合），中段（$\Delta t = 1$ 秒の場合），下段（$\Delta t = 2$ 秒の場合）

4 ティックデータを用いた株式市場における約定予測　121

表 4-8　実証結果（モデル 3）

		実績			
		最良売気配値	約定なし	最良買気配値	
予測	最良売気配値	1546	7992	1004	10542
	約定なし	48123	256293	42651	347067
	最良買気配値	1019	6971	1298	9288
		50688	271256	44953	366897

		実績			
		最良売気配値	約定なし	最良買気配値	
予測	最良売気配値	11185	8693	6164	26042
	約定なし	85495	155437	75545	316477
	最良買気配値	6234	8088	10056	24378
		102914	172218	91765	366897

		実績			
		最良売気配値	約定なし	最良買気配値	
予測	最良売気配値	50212	32858	26616	109686
	約定なし	46584	72391	38317	157292
	最良買気配値	28544	27339	44036	99919
		125340	132588	108969	366897

* 上段（$\Delta t = 0.1$ 秒の場合），中段（$\Delta t = 1$ 秒の場合），下段（$\Delta t = 2$ 秒の場合）

表 4-9　実証結果（モデル 4）

		実績			
		最良売気配値	約定なし	最良買気配値	
予測	最良売気配値	1245	7416	1210	9871
	約定なし	48099	256334	42559	346992
	最良買気配値	1344	7506	1184	10034
		50688	271256	44953	366897

		実績			
		最良売気配値	約定なし	最良買気配値	
予測	最良売気配値	8683	8328	8217	25228
	約定なし	85430	155886	75599	316915
	最良買気配値	8801	8004	7949	24754
		102914	172218	91765	366897

		実績			
		最良売気配値	約定なし	最良買気配値	
予測	最良売気配値	39357	30443	35548	105348
	約定なし	46346	71548	37405	155299
	最良買気配値	39637	30597	36016	106250
		125340	132588	108969	366897

* 上段（$\Delta t = 0.1$ 秒の場合），中段（$\Delta t = 1$ 秒の場合），下段（$\Delta t = 2$ 秒の場合）

表 4-10 実証結果（モデル 5）

		実績			
		最良売気配値	約定なし	最良買気配値	
予測	最良売気配値	15512	72239	10070	97821
	約定なし	25331	136034	22356	183721
	最良買気配値	9845	62983	12527	85355
		50688	271256	44953	366897

		実績			
		最良売気配値	約定なし	最良買気配値	
予測	最良売気配値	29807	46343	22008	98158
	約定なし	51460	86051	45883	183394
	最良買気配値	21647	39824	23874	85345
		102914	172218	91765	366897

		実績			
		最良売気配値	約定なし	最良買気配値	
予測	最良売気配値	35550	35637	26504	97691
	約定なし	62961	66589	54382	183932
	最良買気配値	26829	30362	28083	85274
		125340	132588	108969	366897

* 上段（$\Delta t = 0.1$ 秒の場合），中段（$\Delta t = 1$ 秒の場合），下段（$\Delta t = 2$ 秒の場合）

表 4-11 実証結果（モデル 6）

		実績			
		最良売気配値	約定なし	最良買気配値	
予測	最良売気配値	25782	43182	22997	91961
	約定なし	51578	86394	45862	183834
	最良買気配値	25669	42848	22990	91507
		103029	172424	91849	367302

		実績			
		最良売気配値	約定なし	最良買気配値	
予測	最良売気配値	25873	43077	22819	91769
	約定なし	51460	86242	46175	183877
	最良買気配値	25696	43105	22855	91656
		103029	172424	91849	367302

		実績			
		最良売気配値	約定なし	最良買気配値	
実績	最良売気配値	31554	32969	27302	91825
	約定なし	62509	66227	54553	183289
	最良買気配値	31410	33569	27209	92188
		125473	132765	109054	367302

* 上段（$\Delta t = 0.1$ 秒の場合），中段（$\Delta t = 1$ 秒の場合），下段（$\Delta t = 2$ 秒の場合）

表 4-12 予測パフォーマンスの比較

	モデル 1	モデル 2	モデル 3	モデル 4	モデル 5	モデル 6
α	0.7176	0.7146	0.7063	0.7053	0.4472	0.3680
β	0.0596	0.0489	0.0297	0.0254	0.2932	0.2503
γ	0.6072	0.5045	0.5843	0.4875	0.5847	0.5005
ρ_1	0.0612	0.0494	0.0305	0.0246	0.3060	0.2502
ρ_2	0.9495	0.9492	0.9448	0.9450	0.5015	0.5011
ρ_3	0.0578	0.0484	0.0289	0.0263	0.2787	0.2503

	モデル 1	モデル 2	モデル 3	モデル 4	モデル 5	モデル 6
α	0.5612	0.5174	0.4815	0.4702	0.3808	0.3675
β	0.2322	0.1458	0.1091	0.0854	0.2757	0.2500
γ	0.7696	0.4985	0.6314	0.4943	0.5515	0.5011
ρ_1	0.2288	0.1409	0.1087	0.0844	0.2896	0.2511
ρ_2	0.9331	0.9373	0.9026	0.9052	0.4997	0.5002
ρ_3	0.2360	0.1513	0.1096	0.0866	0.2602	0.2488

	モデル 1	モデル 2	モデル 3	モデル 4	モデル 5	モデル 6
α	0.5292	0.4557	0.4542	0.4004	0.3549	0.3403
β	0.4435	0.3301	0.4022	0.3217	0.2716	0.2505
γ	0.6726	0.4998	0.6308	0.5006	0.5440	0.5002
ρ_1	0.4402	0.3260	0.4006	0.3140	0.2836	0.2515
ρ_2	0.6808	0.6775	0.5460	0.5396	0.5022	0.4988
ρ_3	0.4472	0.3348	0.4041	0.3305	0.2577	0.2495

* 上段（$\Delta t = 0.1$ 秒の場合），中段（$\Delta t = 1$ 秒の場合），下段（$\Delta t = 2$ 秒の場合）

モデルを使用）およびモデル 3 とモデル 4（ACD モデルを使用）をそれぞれ比較する．表 4-12 にあるように，$\Delta t = 2$ 秒の場合のモデル 2 とモデル 4 における γ を除いて，モデル 1 とモデル 2 がそれぞれモデル 3 とモデル 4 を上回っている．この事実は，SCD モデルが ACD モデルよりもフィットがよいことを示唆している．

5 結論

本稿では，ビッド・アスク・クラスタリングという特徴を明示的に取り入れたモデルを提案し，現実の株価データを用いてモデルの効率性を検証した．評価過程では，時間の推定に ACD モデルや SCD モデル，ベルヌーイ試行が，約定価格の推定に，系列相関やベルヌーイ試行を使用した．結果的に，SCD モデ

ルと系列相関を考慮したモデルが，他のすべてのモデルより優れたパフォーマンスを発揮した．このことは，SCDモデルがACDモデルよりもフィットがよいというだけでなく，ビッド・アスク・クラスタリングが約定に関する有益な情報を含んでいることをも示唆している．

また，本稿が提案するモデルは直感的に理解しやすく，約定時間と価格が直接的にモデルに取り込まれている．このモデルの単純な構造ゆえ，予測確率を極めて短時間の内に計算することができる．さらに，パラメータ推定に粒子フィルタを使用していることから，予測確率のオンライン更新を行うことができる．これらの特徴により，本稿のモデルは実務的観点からも有益であるといえる．しかしながら，たとえ正確に約定を言い当てることができても，「価格優先時間優先の原則」により，直ちに金融市場で利益を上げることができるとはいえない．この原則がある以上，すでに注文を出している投資家に先んじて取引することは叶わないのである．しかし，市場参加者が逆張りを避けることで損失を抑制できる可能性は依然としてある．

また，本稿で提案したモデルを様々な形で拡張することが考えられる．例えば，約定の連の長さに加え，最良気配値以外の注文価格や注文量などの板情報を活用したビッド・アスク・クラスタリングのモデリングは，今回提案したモデルの自然な拡張として有望な研究対象になると思われる．さらに，約定の連の長さの経験分布を固定化してヒストグラムで評価する代わりに，時々刻々と変化するものとして動的に評価する方法も研究に値するであろう．この分野にはまだまだ研究すべきことが残されている．さらなるティックデータを用いた研究の継続により，安定的で公平な市場の維持や運営のために役立つ知見が得られることが期待される．

〔参考文献〕

Admati, A. R. and Pfleiderer, P. (1988), "A Theory of Intraday Patterns: Volume and Price Variability," *The Review of Financial Studies*, **1**, 1.

Bauwens, L. and Veredas, D. (2004), "The Stochastic Conditional Duration Model: A Latent Variable Model for the Analysis of Financial Durations," *Journal of Econometrics*, **119** (2), 381–482.

Blume, L., Easley, D. and O'Hara, M. (1994), "Market Statistics and Technical Analysis: The Role of Volume," *Journal of Finance*, **49** (1), 153–181.

Chiarella, C., Iori, G. and Perellò, J. (2009), "The Impact of Heterogeneous Trading Rules on the Limit Order Book and Order Flows," *Journal of Economic Dynamics and Control*, **33**, 525–537.

Easley, D. and O'Hara, M. (1987), "Price, Trade Size, and Information in Securities Markets," *Journal of Financial Econometrics*, **19**, 69–90.

Engle, R. F. and Russell, J. E. (1998), "Autoregressive Conditional Duration: A New Model for Irregularly Spaced Transaction Data," *Econometrica*, **66**, 1127–1162.

Feng, D., Jiang, G. J. and Song, K. (2004), "Stochastic Conditional Duration Models with "Leverage Effect" for Financial Transaction Data," *Journal of Financial Econometrics*, **2** (3), 390–421.

Gallant, A. R., Rossi, P. E. and Tauchen, G. (1992), "Stock Prices and Volume," *The Review of the Financial Studies*, **5** (2), 199–242.

Glosten, L. R. and Milgrom, P. R. (1985), "Bid, Ask and Transaction Prices in a Specialist Market with Heterogeneously Informed Traders," *Journal of Financial Economics*, **14**, 71-100.

Harris, L. (2002), *Trading and Exchanges: Market Microstrucuture for Practitioners*, Oxford University Press.

Karpoff, J. M. (1987), "The Relation Between Price Changes and Trading Volume: A Survey," *The Journal of Financial and Quantitative Analysis*, **22** (1), 109–126.

Kitagawa, G., (1998), "A Self-Organizing State-Space Model," *Journal of the American Statistical Association*, **93**, 443.

LeBaron, B. and Yamamoto, R. (2008), "The Impact of Imitation on Long Memory in an Order Driven Market," *Eastern Economic Journal*, **34**, 504–517.

Lillo, F. and Farmer, D. (2004), "The Long Memory of the Efficient Market," *Studies in Nonlinear Dynamics & Econometrics*, **8** (3), 1.

Lux, T. (1995), "Herd Behaviour, Bubbles and Crashes," *The Economic Journal*, **105**, 881–896.

Ng, K. H, Allen, D. E. and Peiris, S. (2009), "Fitting Weibull ACD Models to High Frequency Transactions Data: A Semi-parametric Approach Based on Estimating Functions," *Working paper of the School of Accounting, Finance and Economics*, Edith Cowan University.

O'Hara, M. (1995), *Market Microstructure Theory*, Wiley.

O'Hara, M. and Oldfield, G. S. (1986), "The Microeconomics of Market Making," *Journal of Financial and Quantitative Analysis*, **21** (4), 361–376.

Vuorenmaa, T. A. (2011), "A q-Weibull Autoregressive Conditional Duration Model with an Application to NYSE and HSE Data," *SSRN Working Paper Series*.

Xu, D., Knight, J. and Wirjanto, T. S. (2011), "Asymmetric Stochastic Conditional Duration Model — A Mixture-of-Normal Approach," *Journal of Financial Econometrics*, **9** (3), 469–488.

Yamamoto, R. (2010), "Order Aggressiveness, Pre-Trade Transparency, and Long Memory in an Order-Driven Market," *Journal of Economic Dynamics and Control*, **35**, 1938–1963.

Zuccolotto, P. (2004), "Forecasting Tick-by-Tick Price Movements," *Statistica & Applicazioni*, **II**, 1.

(杉浦 航：慶應義塾大学大学院経済学研究科)
(中妻照雄：慶應義塾大学経済学部)

一般論文

5 国内高速3株式市場間の注文板形成の先行遅行関係分析＊

林 高樹

概要 本研究は，東京証券取引所（主市場）と2つの私設証券取引所――チャイエックス，ジャパンネクスト PTS ――の国内3市場にて同時に取引されている現物株式について，注文板形成の先行遅行関係の存在やその大きさを実証的に調査することを目的とする．ステップ1では，高頻度注文板データを用いて先行遅行時間を計測する．まず，新規注文や取り消し，約定等のイベント発生順に不等間隔に並べられた注文板の情報

＊ 本論文は，証券アナリスト誌第53巻第4号（2015年4月）に掲載された拙著論文"高頻度注文板データによる2014年東証ティックサイズ変更の国内株式市場への影響分析"（林 (2015a)）の姉妹論文であり，分析結果は相互補完的である．

謝辞：本研究遂行にあたり，東京大学吉田朋広教授，大阪学太田亘教授，統計数理研究所小池祐太氏，パリ第6大学 Mathieu Rosenbaum 教授，株式会社東京証券取引所保坂豪氏，同近藤真史氏，チャイエックス・ジャパン株式会社永堀真氏より有益なコメントを頂いた．日本ファイナンス学会第21回大会（2013年6月2日，於武蔵大学），同25回大会（2015年6月7日，於東京大学），2013年度統計関連学会連合大会（2013年9月9日，於大阪大学），研究集会"金融工学から ERM へ"（2014年3月6日，於一橋大学），研究集会 "Asymptotic Statistics and Computations 2014"（2014年3月11日，於統計数理研究所），"The 5th Annual on High-Frequency Data in Finance Conference"（2013年10月26日，Stevens 工科大学），"Market Microstrucutre and High-frequency Data"（2014年5月31日，於シカゴ大学），"Non- and Semiparametric Volatility and Correlation Models–Economic Sources of Volatility, Risk Decomposition and Financial Crises"（2014年7月25日，於パーダーボルン大学），"Statistics for Stochastic Processes and Analysis of High Frequency Data IV"（2015年3月23日，於パリ第6大学），2015年度統計関連学会連合大会（2015年9月7日，於岡山大学），人工知能学会第15回金融情報学研究会（2015年9月26日，於東京大学）における口頭発表において，参加者より有意義なコメントを頂いた．株式会社日本取引所グループ，チャイエックス・ジャパン株式会社，SBIジャパンネクスト証券株式会社よりデータをご提供頂いた．本研究は，JST（科学技術振興機構）CREST プロジェクト『先端的確率統計学が開く大規模従属性モデリング』（研究代表者吉田朋広教授），全国銀行学術研究振興財団研究資金（2013年9月〜2014年8月），および慶應義塾大学学事振興資金（2012–2014年度）の研究資金援助により行われた．ここに謝意を表します．当然ながら，論文中に含まれる誤りは全て筆者に帰属します．

を，各時点毎に最良気配値の加重平均値である "マイクロ・プライス" に集約する．次に，3市場におけるこれらのマイクロ・プライス系列の先行遅行時間を，Hoffmann, et al. (2013) による先行遅行関係推定法により "計測" する．これら個別銘柄の日々の計測値を要約することで市場間の先行遅行関係の全体的傾向を把握する．ステップ2では，個々の先行遅行時間計測値を多変量時系列データ（銘柄×データ期間）に配置し，パネル回帰分析を行い，銘柄に共通な特徴や相違点を抽出し先行遅行要因を探る．分析対象銘柄は，東京証券取引所において時価総額および流動性の特に高い30銘柄から成る TOPIX Core30 構成銘柄，分析期間は 2013 年 1 月 4 日から 2014 年 12 月 30 日（489営業日）であり，東証における2回のティックサイズ変更のタイミングも含んでいる．

主な実証的発見は次の通りである．まず，3市場間の先行遅行関係に関する平均的な傾向として，銘柄や時間帯による相違はあるものの，全般的に，東証が他2市場に先行する様子がみられた．これは，林 (2015a) における代替的指標（"LLR"）によるものと異なった．2014年の東証におけるティックサイズ変更は，全般に ChiX が他2市場に対して先行度合をやや高めた様子が観察された．次に，先行遅行関係を説明する変数として，ボラティリティやスプレッド率，約定枚数が相対的に高まる市場は，より先行度合が高まる傾向がみられた．その一方，気配数量（デプス）が相対的に高まる市場は逆に先行度合が低下（遅行度合が高まる）傾向がみられた．先行遅行時間が一日の中で変化する様子も観察された．

1 研究の背景

世界の株式市場において近年電子市場が相次いで設立され市場の分裂化（fragmentation）が進み市場間競争が加速する中，我が国では，東京証券取引所（東証）において arrowhead が 2010 年 1 月に導入され，一方，代替的市場として高速約定と刻み値の小ささを売りとする 2 大私設取引所（PTS）—ジャパンネクスト PTS（運営会社 SBI ジャパンネクスト証券）は 2008 年 10 月，チャイエックス（運営会社チャイエックス・ジャパン）は 2010 年 7 月—が相次いで運営を開始している．これら複数市場に対して最も価格のよい市場をみつけて顧客のために売買する SOR（Smart Order Routing）技術が普及拡大し，一方，日本証券クリアリング機構は PTS 取引を決済対象に加え（2010 年 7 月），さらに PTS 取引が「5%ルール」適用除外とされる（2012 年 10 月）など，インフ

ラ面,制度面でも代替的市場の利便性が高まっている.

このような中,これら国内3市場における注文板情報をリアルタイムで比較しながら収益機会を狙い,高速かつ高頻度で売買を行う HFT などの市場参加者は相当数存在していると思われる.本研究は,国内株式市場間の短時間での連動性について焦点を当て,高頻度の注文板データから観察される現象について報告する.分析用データには市場参加者に関する情報が含まれていないため,例えば近年国内市場においても存在感を増している HFT の行動を直接分析することはできないが,分析を通じて彼らの行動を間接的に理解する一助となることも期待される.

分析に用いるデータは,東証,チャイエックス,ジャパンネクスト PTS の3市場より提供を受けた気配更新や約定を全て記録した高頻度注文板データで,タイムスタンプの時間解像度はミリ秒,データ期間は 2013 年 1 月 4 日~12 月 28 日(245 営業日),および 2014 年 1 月 6 日~同 12 月 30 日(244 営業日),計 489 営業日である.当該期間は東証における 2 回のティックサイズ変更のタイミング(1 月 14 日,7 月 22 日)を含んでいる.分析対象銘柄は,東証において時価総額および流動性の特に高い 30 銘柄から成る TOPIX Core30 構成銘柄である.

本研究では,特に 3 市場間の先行遅行関係に興味がある.ベースとなる統計的方法論は,Hoffmann, et al. (2013) による先行遅行関係推定法である.日々の先行遅行計測値よりデータ期間内中央値を計算し,市場間の先行遅行関係の全体的傾向を把握する.さらに,個々に計測された先行遅行時間を多変量時系列データ(銘柄×データ期間)に配置し,パネル回帰分析を行い,銘柄に共通な特徴や相違点を抽出し先行遅行要因を探る.

Hoffmann らの方法論は提唱されて日が浅く,推定精度など今後理論的整備がなされていくべきものである.また,同じ枠組内のもう一つの先行遅行指標による分析(林 (2015a))とは異なる結果が得られている.本稿の分析結果は,あくまで暫定的なものであり,同論文の結果とともに手法の妥当性も含めて今後検証が必要である[1]).

---

1) 現時点において本研究における計測・分析対象である("マイクロ・プライス"をベースにした)

2 国内高速3市場の概要およびデータセット

2.1 3市場の概要

本研究で分析する，東証，チャイエックス（以下，"ChiX"）とジャパンネクスト PTS（以下，"JNX"）の3市場の概要を表 5-1 にまとめる（2013 年末時点）．同表にあるように，マッチング・エンジンのスピードの差や，ティックサイズの違い等に加え，市場参加者が約定時に各市場に対して支払う取引手数料にも相違があることから，市場の参加者タイプの構成割合は市場間で異なっている可能性が高い [2]．

表 5-1　3 市場の比較（2013 年末時点）．

	東証（内国株式）	ChiX	Japannext PTS
取引時間	前場： 9:00–11:30 後場：12:30–15:00	8:00–16:00	デイタイム： 8:20–16:00 ナイトタイム：19:00–23:59
取扱銘柄	一部 1,774 二部 559	約 3,500	約 3,500
ティックサイズ	≤ 3,000, 1 円 ≤ 5,000, 5 円 ≤ 30,000, 10 円, ...	≤ 5,000, 0.1 円 ≤ 100,000, 1 円 > 100,000, 10 円	東証の 1/10
取引手数料	基本料金 0.29bp*	テイカー 0.2bp メイカー 0bp	0.2 bp
スピード	1 ミリ秒	0.2 ミリ秒	0.4 ミリ秒
特殊注文条件	寄指/成，引指/成 不成，IOC	FOK，IOC，Post-Only Mid Peg 等，アイスバーグ	FOK，IOC，Post-Only アイスバーグ

* 月間の総売買代金および証券会社毎の売買代金に応じて割引かれる．

東証は，2014 年 1 月 14 日と 7 月 22 日の 2 回にわたり，投資家の "利便性の向上" を目的として，"流動性が高い銘柄について細かい呼値の単位を導入することで，約定価格の改善や，指値注文における値段の選択肢の広がりによる板での順番待ちの緩和" を図った [3]．第 1 回目の変更（フェーズ 1）では対象

注文板形成の先行度合と市場 "クオリティ" の関連性は明確ではない．計測値の精度の検証も残されている中，今回の先行遅行度合に関する分析結果が市場間の優劣を直接示唆するものではないことに注意されたい．
2) PTS2 市場の特徴については宇野（2012）に詳しい．
3) 東証作成リーフレット（2013 年 12 月 1 日付）より．

銘柄群（TOPIX100 構成銘柄）の内の呼値が 3000 円超に対して導入され，第 2 回目（フェーズ 2）では対象銘柄群の残りの全て（呼値 3000 円以下）の銘柄にまで拡大された．その結果該当銘柄のティックサイズは PTS2 市場と競合する水準にまで引き下げられた．東証ティックサイズ変更の影響については，林 (2015a) による 3 市場間比較の他，近藤 (2015) が東証にフォーカスした詳細な分析を行っている．

HFT の戦略には，注文板への指値注文を通じた流動性供給を行う"メイカー"戦略と，注文板にある指値注文に対して取引を図る流動性を需要する"テイカー"戦略とに大別される．前者はビッドとアスクの差（ビッド・アスク・スプレッド）が主な収益源であり，後者は価格変化が収益源である（大墳 (2014)）．前者の方がより高速・高頻度に注文行動を行うとされている．

前者のタイプによる一連の取引行動に要する時間はミリ秒未満とも言われる．そのような高速の行動を一般の研究者が入手可能なデータの仕様，すなわち，取引主体の ID が付与されてなく，かつ時間解像度がミリ秒以上の"低速"の高頻度データで把えることには無理があろう．しかしながら，それら"超"高速部分を除いた領域においては，注文板データに反映される限りにおいて，より広い範疇での HFT 戦略やそれ以外の参加者による短時間の行動—例えば，SOR を介した注文の自動回送や東証気配に連動したペグ注文なども含めて—について，適切なデータ分析を通じて間接的な理解が進むことが期待される．

高速化が進む我が国の株式市場に関する実証分析として，宇野 (2012)，太田 (2013)，また，国内における HFT にフォーカスした実証分析として保坂 (2014) などがあるが，市場内外の急激な変化に実証研究が追いついていないのが現状である．高頻度注文板データの分析を行う意義は大きい．

2.2 分析データセット

今回の分析にあたり，3 市場から高頻度注文板データを入手した．分析データセットの時間解像度はいずれの市場ともミリ秒単位である．各市場とも，データに記録されているタイムスタンプは，個別注文が各々のマッチング・エンジンに到着した時刻とされる．

ここでは，東証一部銘柄の中で時価総額や流動性の特に高いものから構成さ

れる TOPIX Core30 構成銘柄（2013 年 10 月末時点）を分析対象とする（以下，"Core30"）．
- Core30（分析対象群：日本たばこ (2914)*，セブン&アイ (3382)*，信越化学 (4063)*，武田 (4502)*，アステラス製薬 (4503)，新日鉄住金 (5401)，コマツ (6301)，日立 (6501)，パナソニック (6752)，ソニー (6758)，デンソー (6902)*，ファナック (6954)*，日産自動車 (7201)，トヨタ自動車 (7203)*，ホンダ (7267)*，キヤノン (7751)*，三井物産 (8031)，三菱商事 (8058)，三菱 UFJ FG (8306)，三井住友 FG (8316)*，みずほ FG (8411)，野村 (8604)，東京海上 (8766)*，三井不動産 (8801)*，三菱地所 (8802)，JR 東日本 (9020)*，NTT (9433)*，KDDI (9433)*，NTT ドコモ (9437)，ソフトバンク (9984)*．(* 印は，2014 年 1 月 14 日（フェーズ 1 適用開始日）における東証始値が 3000 円超となった銘柄．）

一方，分析のための比較対照銘柄群として，2013 年 1 月時点において日経平均採用銘柄ではあるが TOPIX100（2013 年 10 月末時点）に属しない銘柄群のうち，分析期間中上場廃止等のイベントの生じなかった 105 銘柄の中から非復元無作為抽出により 30 銘柄を選定した（便宜上，"JAFEE30" と命名する）[4]．
- JAFEE30（比較対照群）：大林組 (1802)，双日 (2768)，キッコーマン (2801)，三越伊勢丹 (3099)，日清紡 (3105)，王子 HD (3861)，日産化学 (4021)，日本曹達 (4041)，宇部興産 (4208)，日本化薬 (4272)，中外製薬 (4519)，昭和シェル石油 (5002)，TOTO (5332)，神戸製鋼所 (5406)，大平洋金属 (5541)，東洋製罐 (5901)，荏原製作所 (6361)，NTN (6472)，富士電機 (6504)，安川電機 (6506)，明電舍 (6508)，アルプス電気 (6770)，カシオ計算機 (6952)，太陽誘電 (6976)，凸版印刷 (7911)，丸井 (8252)，ユニーグループ (8270)，商船三井 (9104)，NTT データ (9613)，東京ドーム (9681)．

今回の分析対象である Core30 はいずれも，2014 年の東証ティックサイズ変更の対象銘柄群（2013 年 10 月末時点での TOPIX100 構成銘柄）に含まれているが，他方 JAFEE30 は含まれていない．データ期間は，2013 年（245 営業日），および 2014 年（244 営業日）の 2 年間計 489 営業日である．

PTS 2 市場は昼休みがないが，東証との先行遅行関係をみるため，東証の立会時間中のデータのみを分析に使用する．

[4) 抽出に際しては R 関数 sample() を使用．なお，計算時間の節約のため，銘柄数は Core30 と同じく 30 銘柄としたが，分析目的上は同数に揃える必要はない．]

3 分析の方法論

3.1 マイクロ・プライスの使用

注文板上の売買両サイドの最良気配値および注文枚数より，各気配レコードにおける"マイクロ・プライス"を計算する（例，Gatheral and Oomen (2010)）．

$$M = \frac{B \cdot Q^A + A \cdot Q^B}{Q^A + Q^B}$$

ただし，B (A) は最良買（売）気配値，Q^B (Q^A) は最良買（売）注文に対する注文枚数合計である[5]．

本研究は市場参加者の注文・キャンセルおよび売買行動の結果としての高速での注文板の変化に興味がある．マイクロ・プライスは，キャンセルを含めた市場参加者の動きを直接に反映することから，本分析の目的に照らして適当と考える．分析に用いる代替的な価格系列としては，通常のファイナンス/マイクロストラクチャ研究においては，マイクロ・プライスではなく，最良気配間の仲値（単純平均）か約定価格を用いられるが，仲値では売り買い2つの最良気配水準が変わらない中での注文量の増加・現象は反映されない．結果的に価格変動のない気配更新（"ゼロ・リターン"）データが増えてしまい，注文板データに含まれている市場参加者の動きに関する情報を有効に活用できなくなる可能性が高い．また，約定データにおいては，気配更新データに比べデータ量が大幅に減少すること，約定データにおいてはゼロ・リターン現象に加えて"ビッド・アスク・バウンス"現象への考慮が必要となってくる．一方，Gatheral and Oomen (2010) が指摘している通り，マイクロ・プライスを用いた方が価格系列が拡散過程に"見える"ことから，本研究で採用する Hoffmann et al. (2013) の方法論の前提条件との整合性においても，マイクロ・プライスの採用が妥当と考える．なお，マイクロ・プライスは最良気配数量に対するマルコフモデルを仮定することで次の約定価格の"期待値"と解釈できることが Avellaneda et

---

[5] 林 (2015a,b) では，Q^B (Q^A) として，最良気配値を入れて内側から3つの価格板の注文数量合計を用いて，マイクロ・プライスを計算していた．

al. (2011) によって示された.

3.2 時系列データ間の先行遅行時間

2変量の時系列データの先行・遅行関係を分析するのに標準的な道具は,両者の相互相関係数(cross-correlation)を計測することであろう.しかし,不等間隔に並ぶティックデータにおいては,2変量時系列は非同期に観測されるため(nonsynchronicity),同期観測データを前提とする標準的アプローチを用いようとすれば,データを補完したり一部を捨てるなどすることによって,2変量を一旦同期化(synchronization)させねばならない.Hayashi and Yoshida (2005) は,同時相関(先行遅行ラグがゼロ)の計測において,この非同期データの同期化がもたらすバイアスの存在に注意を払い,データの同期化を行わずに共分散/相関係数を推定するアプローチを提案した.彼らは,時系列データが拡散型確率過程の離散時点観測であるというケースにおいて,観測区間固定の下でサンプル頻度が増大する(高頻度観測)になるという状況において,彼らの共分散推定量(以下,"HY推定量")が真の共分散に対する一致推定量となることを示した(後に,Hayashi and Yoshida (2008, 2011) にて拡張).

Hoffmann et al. (2013) (以下,"HRY") は,HY推定量の持つ,2時系列のサンプル時点が非同期でも構わないという特性を活かして,HY推定量をベースにした,2変量の先行・遅行関係を推定する方法を提案した.

以下,彼らの表記法に従う.観測区間 $[0, T]$ において,(非同期に)離散的かつランダム時点に観測される2つの確率過程 X, Y とする.それぞれに対する第 i 番目の観測時点を S^i, T^i,対応する小区間を $I^i = (S^{i-1}, S^i]$,$J^i = (T^{i-1}, T^i]$ と表す.さらに,小区間 J^i を"左側"(過去時点)に θ だけシフトした区間を $J^i_{-\theta} = (T^{i-1} - \theta, T^i - \theta]$ 等と表すこととする.さらに,$Y_t = \widetilde{Y}_{t-\theta^*}$ であるような潜在的な確率過程 $\widetilde{Y}$ が存在すると仮定する;すなわち,$\widetilde{Y}$ はリアルタイムでは観測されず,真(未知)のラグ θ^* を伴って観測されるとする.$\theta^* > 0$ の場合は X が Y に先行する状況,$\theta^* < 0$ の場合がその反対の状況に対応する.

この時,Hoffmann et al. (2013) は,X と Y の間の真のラグ係数 θ に対するラグ推定量

$$\hat{\theta} := \arg\max \left| U^n(\theta)_T \right| \tag{1}$$

を提案した．ここで，$U^n(\theta)_T$ は θ 時間シフト済み HY 推定量

$$U^n(\theta)_T := \sum_{\substack{i,j=1 \\ S^i \leq T}}^{\infty} (\Delta_i X)(\Delta_j Y) K_\theta^{i,j}, \qquad (2)$$

ただし，$\Delta_i X = X_{S^i}^1 - X_{S^{i-1}}^1$，$\Delta_j Y = X_{T^j}^2 - X_{T^{j-1}}^2$ である．また，$K_\theta^{i,j} = 1_{\{I^i \cap J_{-\theta}^j \neq \emptyset\}}$ は時間 θ シフト済み "HY 係数" である；これは 2 つの区間 $I^i = (S^{i-1}, S^i]$ と $J_{-\theta}^j$ がオーバーラップするか否かを判定する指標関数である．彼らは，X と Y がセミマルチンゲール過程である時，ある正則条件の下で，$\hat{\theta}$ が観測小区間幅の最大値 (r_n) がゼロに縮小する状況で，真のラグ・パラメータ θ^* に収束する，すなわち，一致推定量であることを示した．

ここで，(2) の代わりに，相関係数を測って

$$\rho(\theta) := \frac{\sum_{i,j}(\Delta_i X)(\Delta_j Y) K_\theta^{i,j}}{\sqrt{\sum_i (\Delta_i X)^2 \sum_j (\Delta_j Y)^2}} \qquad (3)$$

に対する最大化を行ってもよい．この $\rho(\theta)$ は，標準的な時系列解析における，等間隔同期観測された 2 次元時系列データに対する相互相関係数に対応する．

この方法論のアイデアの概念図を図 5-1 (上) に示す．直感的に説明すると次の通りである．いま市場 1 で実現された株価が，市場 2 において (未知の値) ラグ θ 秒後に実現されているとする．この時，市場 2 の時系列データをラグ候補値 (図中 $l = \theta_i$) だけ過去時点に引き戻してから，2 つの時系列間の相関係数 $\rho(\theta_i)$ を計測する．l を動かして色々な θ_i を取りながら $\rho(\theta_i)$ を計算していき，その中の最大値を取るような θ_i を，未知のラグ・パラメータ θ の推定値 $\hat{\theta}$ と定義するのである．

Huth and Abergel (2014) は，(3) をベースにした先行遅行分析を，仏国株式データに対して行った．彼らは，先行遅行の程度を評価する指標として LLR (lead-lag ratio) を提案した:

$$LLR := \frac{\sum_{i=1}^p \rho(\theta_i)^2}{\sum_{i=1}^p \rho(-\theta_i)^2}. \qquad (4)$$

彼らは，(対数) 価格の増分に対する弱定常性の下では，X が Y に先行するための必要十分条件は $LLR > 1$ であると主張した．背後にあるアイデアは，X

が Y をその逆の場合よりもより正確に予測するならば，X は Y に先行するであろうというものである．

先行遅行指標として，$\hat{\theta}$, LLR には一長一短はある．Huth and Abergel (2014) らはより結果の安定的な LLR の利用を推奨している．一方，LLR は物理的意味を持たずその使用は正当化されないと考える研究者もいる．林 (2015a) において LLR（正確にはその対数値，$\ln(LLR)$）を用いた分析結果が示されたが，本稿では $\hat{\theta}$ を用いた結果を掲載する．

Hoffmann, et al. (2013) のフレームワークは提案されて日が浅く，実際の市場データへの応用例は少ない．今回のような同一銘柄の異市場間での先行遅行関係分析への応用は，筆者の知る限り未だ行われていない．また，ベースとなる統計理論が未だ整備されていない状況の中，本研究は実証的知見を得ることを目的としていることから，ここでは，X, Y に特定の確率過程モデルを仮定せず，記述統計的立場を取りながら分析を進める．

以下においては，（東証，JNX，ChiX）の中から 3 組のペア (X, Y) を作り，各ペア毎に先行遅行分析を行う．

3.3 分析手順

HRY の方法論を適用するためには，真の θ の推定値の候補となる有限個の離散集合を予め用意しなければならない．ここでは，短時間での先行遅行関係に興味を持っていることから，ラグ -1 秒から $+1$ 秒までの間の最小時間刻みのグリッド集合を用いる．すなわち，グリッド（先行遅行時間の候補値）の集合 $\mathbb{G} = \{-1, -0.999, \ldots, -0.001, 0, 0.001, \ldots, 0.999, 1\}$ を取る（要素数 2,001）．マイナス領域は Y の先行，プラス領域は X の先行を表す．各点 $\theta_i \in \mathbb{G}$ について，相互相関係数 $\rho(\theta_i)$ を計算する．参考までに，図 5-1（下）に，トヨタ自動車 (7203) について，東証 (X)–JNX(Y) 間の $\rho(\theta_i)$ を計算し，横軸 θ_i に対してプロットした例（コレログラム）を示す．この例では，データ期間は 2014 年 1 月 14 日～8 月 20 日（151 営業日），下述のように 1 日を 10 個の時間帯に分割せずに，1 日分のデータを使って $\rho(\theta_i)$ を -1 秒から 1 秒までの範囲で計算し，一本の点線でつないで描いたものを，全データ期間について重ねて表示している．同図より，各日とも概ねコレログラムのピーク，すなわち $\hat{\theta}$ が原点に近い

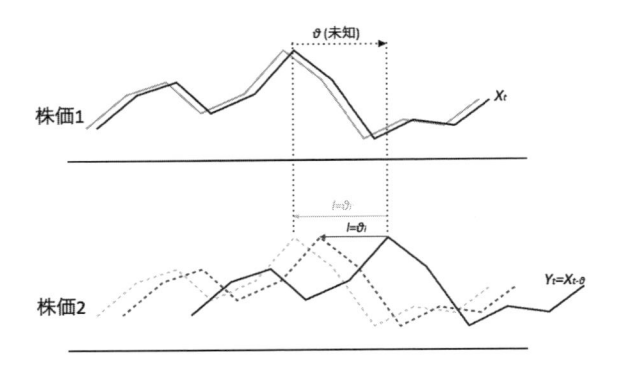

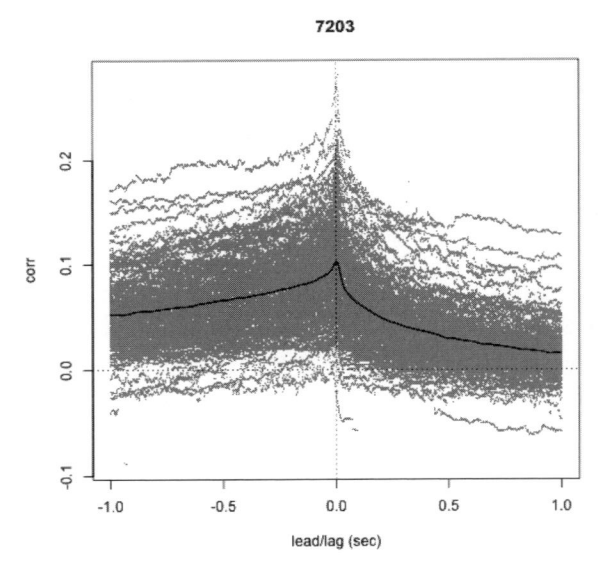

図 5-1 （上）Hoffmann, et al. (2013) の方法論のアイデア．（下）クロスコレログラムの例：トヨタ自動車 (7203)，東証–JNX，2014 年 1 月 14 日〜同 8 月 20 日（151 営業日）．1 日分が 1 本の点線に対応．正の領域が東証先行，負の領域が JNX 先行．実線は局所平均を取ったもの．

ところにあることが分かる．両市場の先行遅行時間差は小さく，極めて短時間で連動していることが伺える．

Hoffmann, et al. (2013) によれば，データ点が多くなるにつれて統計量 $\hat{\theta}$ が

真値 θ に近付く（一致性を持つ）ためには，グリッドの刻みの大きさを平均観測区間幅の大きさに比べて小さく取らねばならない．一方，彼らの Proposition 2 によれば，一般には平均観測区間幅の大きさよりも精度良く推定することはできない．すなわち，今回の高頻度データは，"高速" で連動する 3 市場間の先行遅行時間を "精度よく" 計測するのには十分に "高頻度" とは言えない．誤差が大きく，そもそも難易度の高い "推定" の試みである．今回の分析では，記述的立場から次のような簡便的手法を取るが，サンプル数に制約のある中での "精度" の改善は今後の課題である．

筆者が予備的に行った単純なモデル（単一ラグ＋ブラウン運動）を仮定したモンテカルロ・シミュレーション実験では，両者のオーダーに相違がなければ，独立なパスが多数得られる場合には，各パス毎に得られる $\hat{\theta}$ の中心値を取るとそれが真の値に近いことが確認された．今回の $\hat{\theta}$ は "ノイズ" レベルの高い（ばらつきの大きい）分布を持つことから，標本平均の代わりに中央値（メジアン）を用いることにする．もちろん，現実の事象は一方の市場が他方の市場に対し一定時間で常に先行している等のような単純なものとは考えにくいが，それでも今回のような記述統計量の大きさを報告することに意義はあると考える．

なお，HRY の方法論は提唱されて日が浅く，今後理論的整備がなされていくものである．推定精度に関しては統計学上の研究課題であり，今回の結果報告は暫定的なものである．手法の妥当性も含めて今後検証が必要である．

ここでは異なる日のデータセットが互いに独立かつ同一にサンプルされたとみなす．これは，市場参加者，特に本研究で興味を持っている短期間で売買を繰り返す参加者の一日内の戦略が相場の（上下動に拘らず）期間を通じて不変であるとの前提の下では，妥当な仮定であろう．さらに，短時間売買を繰り返す HFT はリスク回避のため一日の終了時には原則ポジションを取らないとされる．HFT などの短期売買主体の参加者の行動は 1 日内の時間帯によって変化することは想像に難くない．そこで，1 日内の lead/lag 指数の変化を反映させるために，東証の立会時間（9:00–11:30, 12:30–15:00, 計 5 時間 = 300 分）を 30 分毎に 10 個の時間帯に分割し，第 1 時間帯（9:00–9:30），第 2 時間帯（9:30–10:00），..., 第 10 時間帯（14:30–15:00），のように設定する．それに

ともない，表5-1で示したようにPTSは昼休み等東証の立会時間外に取引可能な時間帯はあるが，先行遅行時間をみるという目的に照らし，以上の10個の時間帯以外のレコードは全て分析対象から除去した．

その他に行った分析の前のデータ前処理は以下の通りである．まず，ティックデータのタイムスタンプはミリ秒刻みであるが，同一タイムスタンプに複数の気配レコードある場合には，最後尾のレコードのみを採用した．次に，同一市場の直前の約定価格の上下5%を超える気配値は，市場実勢から乖離した注文であるとみなし注文板から全て消去した．さらに，マイクロ・プライスの計算には最良気配が両サイドに提示されていることが必要なことから，片側しか最良気配のないレコードは全て除去した[6]．

実証分析は2つのステップから成る．ステップ1として，まず，各銘柄別，各日毎各時間帯毎に，両市場のマイクロ・プライスより計算される対数収益率を用いてθシフト済み相関係数$\rho(\theta)$を，$\mathbb{G}$上の全てのθ_iに対して計算する．次に，得られた$\rho(\theta_i)$の値集合から，各銘柄別，各日毎各時間帯に$\hat{\theta}$を計算し，期間全体の分布の中央値を計算し，散布図を作成することで全体的傾向を観察する．ステップ2として，ステップ1で得られた$\hat{\theta}$を多変量時系列データ（銘柄×データ期間）として構成し，パネル回帰分析により，先行遅行時間の日次変動や銘柄固有の変動をコントロールしながら，銘柄に共通な特徴や相違点を抽出し先行遅行要因を探る．

上述のようにHRYの方法論に関する統計理論は，現時点において未整備の状況であるが，$\rho(\theta)$の大きさの相対比較は可能であり，よって最大値を与えるθの値であるlead/lag指数$\hat{\theta}$について議論することは意味があると考える．なお，分析データのタイムスタンプがミリ秒単位であることや，データのサンプル頻度（1秒当たりの件数）の制約から，ミリ秒のオーダーやそれ以下での高速・高頻度売買を行うHFTの行動に起因する先行遅行関係を定量化は困難で

---

6) したがって，例えば，直前の約定価格の10%を超える幅のビット・アスク・スプレッドを持つレコードは，マイクロ・プライス系列の生成には使用されない．（ちなみに，林 (2015b) においては，ビッド・アスク・スプレッドの幅自体に対して直接閾値を設定し"外れ値"の処理を行っていた．）フィルターを厳しく設定すると，分析に使用可能な気配レコードが減少することになるが，逆に緩過ぎると市場実勢から乖離したレコードが分析対象に含まれることになる．データ前処理の方法が分析結果に影響を与えることから，より適正な方法について今後検討の余地がある．

ある．しかし，そのような "超" 高速成分を除去した部分での，短時間の市場間の先行遅行関係は捉えられることが期待される．

4 実証分析結果

4.1 先行遅行時間の散布図

Core30 銘柄の各々に対して，データ期間内の各日毎，各時間帯毎に $\hat{\theta}$ を計算し，それらのデータ期間全体分布の中央値を計算した．図 5-2 は，横軸に $\hat{\theta}$ の 2013 年の期間内の中央値，縦軸に 2014 年の中央値を取り，30 銘柄について散布図を作成したものである（上段から順に第 8–10 時間帯）．各軸の目盛単位は秒である．その他の時間帯における散布図は省略する[7]．

市場ペア (X–Y) に対応する各図中（左列，中央列，右列）において，正の領域（水平軸（2013 年）は右側，垂直軸（2014 年）は上側）は，X が Y に先行することを示す．各図中，45 度線より上側は 2013 年から 2014 年にかけて X の Y に対する先行度合が高まったことを，下側はその逆を示す．

図中の左列（東証–JNX）は，期間内の平均的傾向として，東証が JNX に対して（若干の例外を除き）先行していること，中央列（東証–ChiX）は東証が ChiX に対して先行している銘柄が多数を占めること，そして，いずれの市場ペアにおいても，5 ミリ秒程度を中心に分布していることを示している．一方，右列（JNX–ChiX）は両市場がほぼ先行遅行のない関係（時間差ゼロ）であることを示している．

さらに，2013 年から 2014 年への変化として，銘柄によるばらつきはあるものの，全般に，東証–JNX においては幾つかの銘柄において東証が，東証–ChiX，JNX–ChiX においては ChiX が，相当数の銘柄において先行度を高めた様子が観察される．これらの $\hat{\theta}$ に関する 3 つの市場ペアの先行遅行関係は，先に行われた LLR による分析結果とは異なったものになった（林 (2015a)）．ここで，市場ペアによって，軸のスケールが異なることに注意されたい．特に，JNX–ChiX（右列）は 1 目盛がデータセットの時間解像度（1 ミリ秒）と一致しており，各

---

[7] 時間帯による変動はみられたものの，概ね同様な傾向を示した．

銘柄は -1 ミリ秒から $+2$ ミリ秒の格子点の上に分布している．

同図より，東証–JNX，東証–ChiX の 2 ペアと，JNX–ChiX の散布図の様子の違いは明らかである．市場間を結ぶネットワークのレイテンシー（遅延）に起因するのか，市場参加者の構成割合や取引戦略の相違に起因するのか現時点では不明であるが，何らかの構造的な違いを表していることが察せられる．参考までに，比較対象銘柄群 JAFEE30 に関する散布図を図 5-3 に示す．先の Core30 銘柄と概ね類似したものとなった．JNX-ChiX 間において殆ど全ての銘柄に先行遅行時間の差がない（観測限界 = 1 ミリ秒以下）という結果は説得的であり，本手法の有用性を示唆するものであると筆者は考える．

なお，本論文では省略するが $\hat{\theta}$ と $\ln(LLR)$（LLR の対数値）を縦軸横軸に取り散布図を作成すると，互いに異符号を持つケースが散見された．これは，一方の市場での価格形成が他方よりも常に先行していると言った単純な図式ではなく，2 つの市場のそれぞれにおいて他方に先行するような変動要因を持っていることを示唆しているのかもしれない．このような実証的現象は，加藤ら (2011) による "マルチラグモデル" によって再現できることがモンテカルロ・シミュレーション実験により確認されているが，より詳細な理論研究については今後の課題である．

4.2　パネルデータ分析

前節ではデータ期間内の中央値を使って，市場間の平均的な先行遅行関係について観察したが，次に，個々の $\hat{\theta}$ 計測値をそのまま被説明変数に用い，市場間の先行遅効指標の銘柄間の特徴の類似性や相違性をパネルデータ分析によって定量的に評価する．先述のように $\hat{\theta}$ はデータ解像度ならびにサンプル頻度の観点からは，現状は "ノイズ" のレベルが高く個々の計測値の信頼性には課題があるものの，ここでは，$\hat{\theta}$ を説明変数に対して標準的な回帰分析の手法を適用することによって $\hat{\theta}$ の変動についての特徴把握を試みる．その際，銘柄固有の要因や日次の要因による変動は除去して考える．

先に，データ期間内中央値に集約した先行遅行関係において 1 日内変化がみられたことから，ここでは，やはり東証の立会時間全 5 時間を 30 分毎に 10 個の時間帯に分割したデータを使って計算された 1 日 10 個の先行遅行計測値を

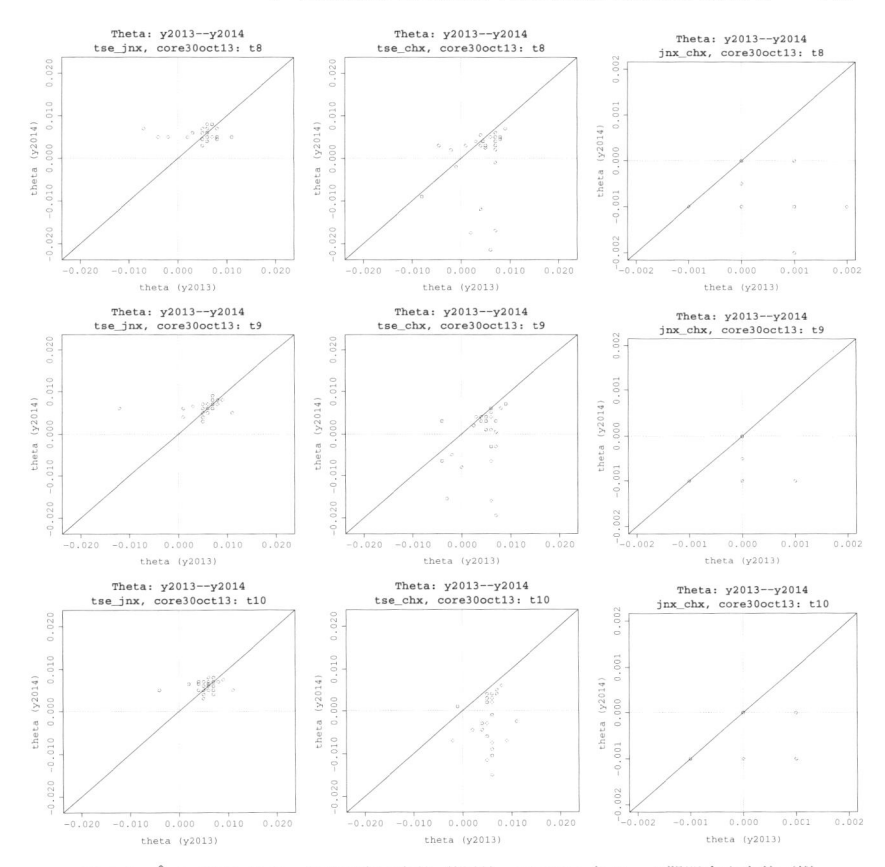

図 5-2　$\hat{\theta}$ の 2013 年データ期間内中央値（横軸），同 2014 年データ期間内中央値（縦軸）の散布図（Core30 銘柄）：東証（TSE）–JNX（左列），東証（TSE）–ChiX（中央列），JNX–ChiX（右列）．第 8 時間帯（上段），第 9 時間帯（中段），第 10 時間帯（下段）．各軸の目盛単位は秒．

多変量時系列（パネルデータ）に配置した．銘柄のカバレッジとして，興味の対象である Core30 銘柄の他に，比較対照銘柄である JAFEE30 銘柄を加えた計 60 銘柄から成るデータセットを作成した．前者は全て 2014 年の東証ティックサイズ変更の対象であるが，後者は対象ではない．一つのデータセットとして同時に分析することで両群の差異について調べる．

パネルデータ分析のためのアプローチとして，銘柄固有の要因や日次要因に起

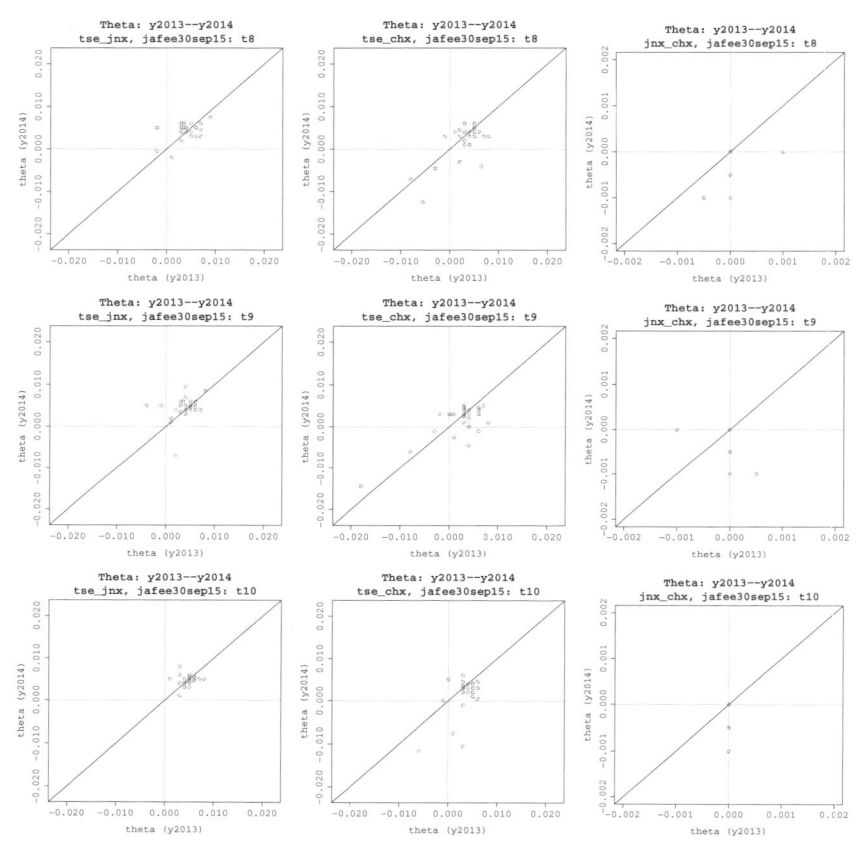

図 5-3　$\hat{\theta}$ の 2013 年データ期間内中央値（横軸），同 2014 年データ期間内中央値（縦軸）の散布図（JAFEE30 銘柄）：東証（TSE）–JNX（左列），東証（TSE）–ChiX（中央列），JNX–ChiX（右列）．第 8 時間帯（上段），第 9 時間帯（中段），第 10 時間帯（下段）．各軸の目盛単位は秒．

因する相関の影響を考慮するために，今回は線形混合効果モデル（linear mixed effects model）を用いることにした [8]．

本稿では，被説明変数として，第 i 銘柄 $(i=1,\ldots,60)$，第 j 日 $(j=1,\ldots,245)$，第 t 時間帯 $(t=1,\ldots,10)$ における $\hat{\theta}$ の値を使用し，$y_{ijt}=\hat{\theta}_{ijt}$ と書く．$y_{ijt}>0$

---

[8]　R 関数のパッケージ "lme4" 内にある関数 lmer() を使用した．ロバスト回帰等，推定方法の改善については今後の課題である．

は，市場 X が市場 Y に先行することを，$y_{ijt} < 0$ は逆を示す．

説明変数については，ボラティリティや約定件数など個別銘柄の市場特徴量を，データ期間内の各日において，ペアを組む2つの市場について計算し固定効果として与えた．また，2014年の東証ティックサイズ変更の効果を捉えるための2水準固定因子，1日内時間変動を捉えるための10水準因子を加えた．さらに，日次効果を表す変数と，銘柄間の違いを表現するため銘柄固有要因を表す変数の2変数を変量効果として導入することにした．さらに，銘柄がCore30に（すなわち東証ティックサイズ変更対象銘柄群に）属するか否か（JAFEE30に属するか）を示す2水準固定因子を加えた．

分析目的上，2つの市場間の相対的な特徴の差異をみることが必要なことから，今回の分析では両市場特徴量の対数比を取ることで新たな変数を定義した．例えば，第 i 銘柄，第 j 日の第 t 時間帯における X, Y 2つの市場における実現ボラティリティが RV_{ijt}^X, RV_{ijt}^Y であれば，$RV_{ijt} = \ln(RV_{ijt}^X/RV_{ijt}^Y)$ と言った具合である．すなわち，$RV_{ijt} > 0 \ (< 0)$ であれば，市場 X で計測された実現ボラティリティが，市場 Y よりも大きかった（小さかった）ことを示す．また，被説明変数への影響の大きさを説明変数間で比較できるように，全ての共変量は標準偏差が1となるようにスケール変換を施した．よって，回帰係数の値は，RV_{ijt} が1標準偏差分増加した時の，先行遅行時間 y_{ijt} の増加時間（単位は秒）と解釈される．一方，y-切片の値の解釈は，全ての共変量の値が同時にゼロとなる（市場1と市場2の観測量が等しい）ような仮想の銘柄に対するベースライン効果（第1時間帯，非Core30銘柄，東証ティックサイズ変更前に同時に属する）を秒単位で示したものであり，さらに，各固定因子の効果はベースラインからの変化量として捉えることができる[9]．

複数の候補変数群の中から，AICや回帰係数の有意性を確認しながら，また解釈容易性も勘案しつつ，モデル選択，変数選択を行った．その結果，次のモ

---

9) 分母や分子の値にゼロが入ることで対数比が発散したり不定となった説明変数を持つレコードは，パネル回帰から除去した．例えば，みずほFG (8411) は2014年のティックサイズ変更以前は，東証において取引は活発だったものの，最良気配数量が極めて多く（板が厚く）仲値の変化が乏しい日が多く，仲値ベースの実現ボラティリティの値がゼロとなるケースが多発した．なお，林 (2015a,b) では，$RV_{ijt} = \ln(RV_{ijt}^Y/RV_{ijt}^X)$ と定義していたが，解釈の容易性に鑑み，本稿では対数内の分母分子を入れ替えることにした．

デルを選択し，パラメータの推定を行った．

$$y_{ijt} \sim 1 + \underbrace{Code_i + Ymd_j}_{\text{random effects}} + \underbrace{Tck_j}_{\text{2-level factor}}$$
$$\times \Big\{ \underbrace{Idx_i}_{\text{2-level factor}} + \underbrace{T_t}_{\text{10-level factor}} + \underbrace{RV_{ijt} + nQ_{ijt} + Vol_{ijt} + Spr_{ijt} + Dep_{ijt}}_{\text{covariates}} \Big\}$$
(5)

ただし，1 は y-切片，$RV_{ijt}, \ldots, Dep_{ijt}$ は，固定効果 (fixed effects) を，$Code_i$ は個別銘柄効果，Ymd_j は日次効果であり，ともに変量効果 (random effects) を表す．ここで，RV_{ijt} は仲値より計算される実現ボラティリティの対数比，nQ_{ijt} は気配更新数の対数比，Vol_{ijt} は約定枚数の対数比，Spr_{ijt} はスプレッド率（ビッド・アスク・スプレッド ÷ 仲値）の対数比，Dep_{ijt} は 5 本気配値までの売買気配数量合計の対数比である[10]．Idx_i は，Core30 に属するか JAFEE30 に属するかを表す 2 水準固定因子（水準 0 は後者），Tck_j は，東証ティックサイズ変更の前後を表す 2 水準固定因子（水準 0 は変更前），T_t は時間帯を表す 10 水準固定因子（水準 0 は第 1 時間帯（9:00–9:30））である．なお，これらの説明変数のうち，実現ボラティリティ，気配更新数，約定枚数は属する時間帯の累積値，他方，スプレッド率，および 5 水準デプスは時間帯内平均値（次の気配更新までの経過時間による加重平均）であり，いずれも，各銘柄毎かつ各時間帯毎に算出した．

推定された回帰係数（および 95%信頼区間）を図 5-4〜5-7 に集約して表示する．まず，図 5-4 は推定された y-切片および共変量の回帰係数を，図 5-5 は 1 日内効果の推定値をそれぞれの 95%信頼区間と同時にプロットした図である．上述のように，被説明変数 $\hat{\theta}_{ijt}$ は，コレログラムの最大値を達成する値であり，ばらつきは大きい．このような中，ここで示す推定係数の有意性についての評価の是非について十分留意しつつ，今回得られた幾つかの特徴的な観察結果について言及したい．

図 5-4 によれば，市場ペアの 3 つの組み合せにおいて，共変量の回帰係数の符号に共通のパターンが観測される．すなわち，実現ボラティリティ比 RV_{ijt},

---

[10] 各変数の入力となる市場観測量として，3.3 で述べたデータ前加工処理後の計測量を使用した．

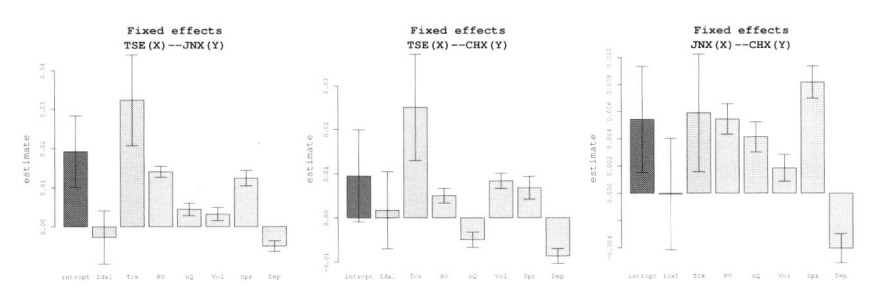

5　国内高速3株式市場間の注文板形成の先行遅行関係分析　147

図 5-4　回帰係数推定値および 95%信頼区間-1：左から，Y-切片，Idx（Core30 銘柄効果），Tck（ティックサイズ変更効果），RV, nQ, Vol, Spr, Dep の各共変量．東証（TSE）–JNX（左図），東証（TSE）–ChiX（中央図），JNX–ChiX（右図）．

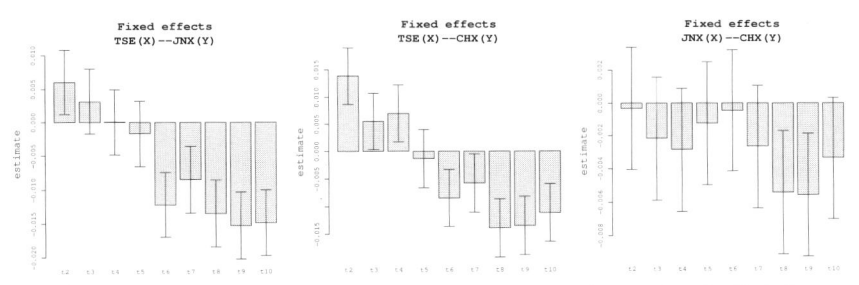

図 5-5　回帰係数推定値および 95%信頼区間-2：時間帯効果．左から，第 2 時間帯（$t2$）から第 10 時間帯（$t10$）まで．東証（TSE）–JNX（左図），東証（TSE）–ChiX（中央図），JNX–ChiX（右図）．

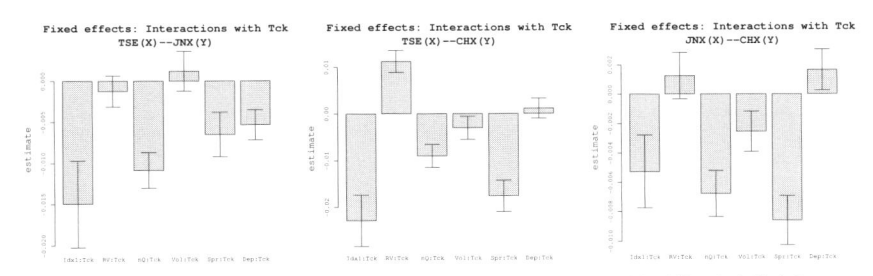

図 5-6　回帰係数推定値および 95%信頼区間-4：ティックサイズ変更効果と各共変量との交互作用．左から，Core30 銘柄効果（Idx）× ティックサイズ変更効果（Tck），$RV \times Tck$, ..., $Dep \times Tck$ まで．東証（TSE）–JNX（左図），東証（TSE）–ChiX（中央図），JNX–ChiX（右図）．

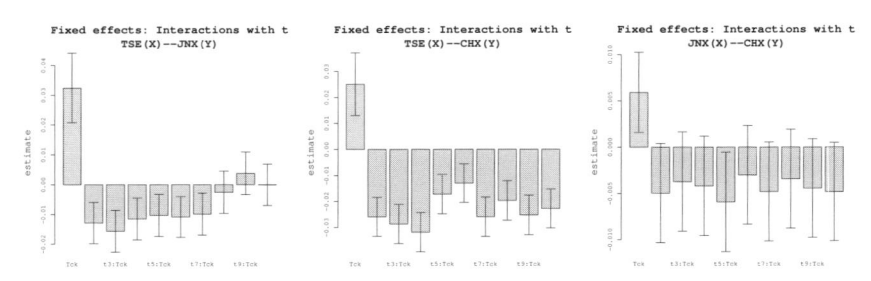

図 5-7　回帰係数推定値および 95％信頼区間-3: ティックサイズ変更効果と時間帯効果との交互作用．左から，第 2 時間帯 ($t2$) × ティックサイズ変更効果 (Tck), ..., 第 10 時間帯 ($t10$) × Tck まで．東証 (TSE)–JNX（左図），東証 (TSE)–ChiX（中央図），JNX–ChiX（右図）．

およびスプレッド率比 Spr_{ijt} は有意（両側 5％）に正の係数を持つ．これは林 (2015a) で紹介した LLR による分析結果と同じである．さらに，今回の分析では，約定枚数比 Vol_{ijt} は正に有意，デプス比 Dep_{ijt} が負に有意となった．

最近の HFT の市場クオリティへの影響に関する実証研究によれば，HFT（特に"メイカー戦略"を取る業者）は流動性供給を通じて市場ボラティリティを下げる効果があるとされる（Brogaard et al. (2014), Hasbrouck and Saar (2013)）．一方，今回得られた結果は，一つの市場の実現ボラティリティがもう一つの市場に対して相対的に大きくなるのに連動して，その市場の相対的な先行度合が増すことを示している．筆者の理解では，HFT の功罪の文脈で語られる "ボラティリティ" は市場価格の上下動，すなわち不確実性の大きさであり一般には回避すべき対象であると考えられる．他方で，ここで用いているのは仲値系列より計算された実現ボラティリティであり，最良気配値の一方が動くたびにその変化が反映される量である．ボラティリティは元来当該企業のファンダメンタル価値の変動を示す値であり 3 市場間で同一値を取るべきものとの視点もある一方で，仲値系列ベースの実現ボラティリティは，最良気配枚数（待ち行列の長さ）や注文到着頻度，ひいてはティックサイズの大きさ等に依存する観測量であり，要すれば各市場における "マイクロストラクチャ" および当該銘柄の人気度・取引活況度に依存する量である[11]．すなわち，定義式は同一な

---

11) このような視点では，"マイクロストラクチャ・ノイズ" の除去は不要どころか，活用すべき情報源と言える．

がら標準的な実現ボラティリティとは異なる使い方をしていると言えよう．しかも，ここでは説明変数としてボラティリティそのものではなく2市場のボラティリティ比を使っていることから，仮に分析に使用したデータの背後にHFTの取引量の増大があるとしても，今回の結果は上記HFTの功罪に関する実証研究におけるコンセンサスと必ずしも矛盾するものではないと考える．

スプレッド率比 Spr_{ijt} は，流動性供給側による指値注文キャンセルにしろ，流動性需要側による成行注文・即時約定にしろ，最良気配の一方が消滅することにより高まる量であることから，相場が急変する時や，需給が一方に一時的に偏る時に高まるであろう．相場動向により迅速に注文行動を行える市場参加者の割合の大きい市場の方がより高い先行度合を持つとすれば，自然な結果ではある．その一方で，一般に流動性の高い市場はスプレッド率が低いことが期待される．本分析で扱っている市場間の先行遅行度と相対的流動性の関係は明白でないものの，Spr_{ijt} の符号は負であるべきとの見方も可能であろう．今後さらなる検証や考察が必要である．

同様に，約定枚数比 Vol_{ijt} が正に有意との結果も，テイカー側の能動的な売買行動の帰結と考えれば自然である．さらに，デプス比 Dep_{ijt} の結果は，一方の市場の内側5本値の注文枚数合計（デプス）がもう一方の市場に対して相対的に増すと，その市場の先行度が相対的に低下する傾向を示している．5本値を考慮することで，デプスの厚さは，市場参加者の多さはもちろん，彼らの売買スタイルの多様性を表しているとも考えれば，推定係数が負であるとの結果はデプスが相対的に大きくなるほどその中には高速での取引を行わない参加者からの注文がより多く含まれやすい等の傾向を反映したものかもしれない．

図5-5に示す時間帯効果は，東証–JNX，東証–ChiXともに，第1時間帯（ベースライン）と比べて，午前は東証が先行し，午後はPTSが先行する様子が観察される．特に，これらの市場ペアでは，最後の3つの時間帯において，第1時間帯に比して10ミリ秒以上PTSの東証に対する先行度が増加していることが分かる．PTSを利用しているのは，HFTはもとより，機関投資家や証券会社の自己売買部門等のプロの参加者であり，彼らが主市場の大引けが近付くにつれて，1日の売買目標や終了時点での目標ポジションに向け積極姿勢に転じて

いる様子を反映したものであると考えれば合点がいく．

次に，東証ティックサイズ変更の影響を調べる．先の2つの図 5-4〜5-5 に加えて，ティックサイズ変更による各変数の持つ回帰係数の変化（Tck_j と各説明変数との交互作用）を示す図 5-6 と，一日内各時間帯別の東証ティックサイズ変更の影響度合（Tck_j と T_t の交互作用）を示す図 5-7 を同時に眺める．なお，上述のように，ここで示されている効果の大きさは，全ての共変量において値がゼロである（共変量を構成する対数内の分母分子の市場観測量が2つの市場間で等しい）仮想的銘柄に対してのものであると解釈される．実際，分析の過程では，データ処理の方法により，今回報告するものとは大きさや符号が異なる推定値が得られている[12]．

まず，東証–JNX において，図 5-4 で示される固定因子の主効果（JAFEE30 銘柄，東証ティックサイズ変更前，第1時間帯がベースライン）をみると，東証ティックサイズ変更により JAFEE30 銘柄では 30 ミリ秒強東証が JNX に対して先行度を高めた（Tck が有意に正）が，これを図 5-6 の交互作用効果を見比べると，東証の先行度増は Core30 銘柄では 15 ミリ秒程度であることが読み取れる（$Idx1:Tck$ が有意に負）．次に，東証–ChiX においては，ティックサイズ変更により JAFEE30 銘柄が 24–25 ミリ秒程度東証での先行度を増した（図 5-4）が，Core30 銘柄では JAFEE30 銘柄より ChiX での先行度が同程度増しており（図 5-6）ティックサイズ変更の影響がほぼ相殺されていることが分かる．他方，JNX–ChiX では，ティックサイズ変更は JAFEE30 銘柄の JNX の先行度を 6 ミリ秒程度押し上げたが（図 5-4），逆に Core30 銘柄においては 5 ミリ秒程度 JAFEE30 銘柄より ChiX 側の先行度が高くやはりティックサイズ変更の影響がほぼ相殺されているのが分かる（図 5-6）．ちなみに，東証ティックサイズ変更前においては，Core30 銘柄と JAFEE30 銘柄間に有意な差はみられなかった（図 5-4）．

さらに，ティックサイズ変更による回帰係数の変化としては，図 5-6 より，気配件数比 nQ_{ijt}，スプレッド率比 Spr_{ijt} において，有意な負の変化が全市場ペ

---

[12] 例えば，本論文の旧バージョン（林 (2015b)）においては，共変量を平均ゼロに中心化して分析を行った．固定因子の効果としてここに掲載するものとは異なる推定結果が得られた．

アに共通なパターンとなった．また，図 5-7 より，ティックサイズ変更により，東証–JNX においては第 8–10 時間帯を除く全時間帯，東証–ChiX においては全時間帯において，JNX および ChiX の対東証の先行度が第 1 時間帯（ベースライン）に比して有意に増したことが分かる[13]．

全般を通して，PTS 同士である JNX–ChiX ペアにおける推定結果が，他の 2 ペアとはやや乖離したものとなった．

今回の分析では，最良気配値の，最良気配数量の逆数をウェイトに用いた加重平均をマイクロ・プライスとして分析に使用した．一方，林 (2015a,b) でのマイクロ・プライスは，ウェイトとして内側 3 枚の数量合計を使用していた．今回得られた結果は，先に行った分析と全般には類似の傾向を持つが，細部では異なる箇所もみられる．マイクロ・プライスの作り方の違いにより，分析用データに反映される参加者の種類が異なってくる可能性もある．

今後の課題

今回分析に使用した $\hat{\theta}$ は，推定精度について統計学上の課題であり，方法論の未確立な統計量を使用した今回の結果報告は時期尚早かもしれない．もとより，分析データのタイムスタンプがミリ秒単位であることや，データの発生頻度（データ間隔）の制約から，ミリ秒のオーダーやそれ以下での"超"高速・高頻度売買を行う HFT の行動に起因する先行遅行関係を定量化できていないことには留意が必要である．また，生データを分析可能な形式にするために数段階の前処理が施されるが，分析前のデータ前処理段階における"外れ値"に対するフィルターの設定方法が分析結果に影響を与えることが本研究の過程で確認されている．妥当な前処理方法については今後検証が必要である．さらに，マイクロ・プライスのウェイトの取り方の違いにより，分析用データに反映される市場参加者の種類が異なってくる可能性もある．これについても，今後検証を進めねばならない．

本研究の過程で，2 つの先行遅行指標 ($\hat{\theta}$, $\ln(LLR)$) の銘柄別時間帯別の期間

[13) 本論文とは別に，林 (2015a) でも使用した比較対照銘柄群（"FIX30"）を用いて同じモデル (5) で分析を行ったところ，同様の傾向が得られた．なお，林 (2015a) における分析対象銘柄は，2012 年 10 月時点での TOPIX Core30 であった．2013 年 10 月末に 2 銘柄の入れ替えが行われた（花王 (4452)，東芝 (6502) がはずれ，デンソー (6902)，三井不動産 (8801) が入った）．

内中央値を同時に計算したところ，異符号を持つケースが多数みられた．このことは2つの時系列が単一の固定されたラグ・パラメータ θ を持っているのではなく，符号の異なる複数のラグ・パラメータを持っていることを示唆しているとも考えられ，さらなる検証が必要である．そのような場合には，一つのラグのみ計測する今回のアプローチは適切ではない．"マルチラグ・モデル"は（加藤ら (2011)）によって提案されているが，推定方法については課題である．

今回の分析結果を実際の市場参加者の行動と関連付ける作業は残されている．今後既存のファイナンス/マイクロストラクチャ分野の先行研究との関連性についても調査せねばならない．

Michael Lewis著のベストセラー "Flash Boys" でも描かれているように，地理的に離れた場所に多数の取引所が乱立し，我が国とは異なる最良執行ルールが適用される中で "レイテンシー・アービトラージ" の余地が存在する米国株式市場と比べると，今回の分析結果は，国内市場において直ちにそのようなアービトラージ（倫理的課題については脇へ置くとしても）を実現するような取引手法に応用できる可能性が低いものと考えられるが，いずれにせよ実務への応用も研究上の課題である．

5 結 言

本研究は，東京証券取引所（主市場）と2つの私設証券取引所——チャイエックス（ChiX），ジャパンネクスト PTS（Japannext PTS）——の3市場にて同時に取引されている国内株式について，注文板形成の先行遅行関係の存在やその大きさを実証分析した．

まず，各市場の注文板データを使ってマイクロ・プライス系列を生成し，Hoffmann et al. (2013) による先行遅行関係推定法を用いて，銘柄別時間帯別に先行遅行時間を計測した．個別の計測値より，データ期間内中央値に要約し散布図を観察した．次に，個々に計測された先行遅行時間を多変量時系列データ（銘柄×データ期間）として構成し，パネル回帰分析を行い，個別銘柄要因や日次要因を除去しながら，銘柄に共通な特徴や相違点を抽出し先行遅行要因を

探った．分析対象銘柄は，東京証券取引所において時価総額および流動性の特に高い30銘柄から成るTOPIX Core30構成銘柄と比較対照銘柄（JAFEE30）の計60銘柄．分析期間は2013年1月4日〜2014年12月30日の489日間，使用データの時間解像度はミリ秒単位である．

主要な実証的発見は次の通りである．まず，データ期間内中央値で観察する限り，銘柄や時間帯による違いはあるものの，3市場間の先行遅行関係として，全般的に東証は他2市場に5ミリ秒程度前後の大きさで先行する傾向がみられた．東証とJapannextの関係は，林 (2015a) における LLR 指標によるものと異なった．2014年の東証におけるティックサイズ変更は，全般にChiXが他2市場に対して先行度合を若干高めた様子が観察された．

次に，パネル回帰分析により，先行遅行関係を説明する変数として，ボラティリティやスプレッド率，約定枚数が相対的に高まる市場はより先行度合が高まる傾向がみられた．他方，気配数量（デプス）が相対的に高まる市場は逆に先行度合が低下（遅行度合が高まる）傾向がみられた．先行遅行時間は一日の中で変化することも確認された．特に，東証の立会終了前の最後の90分間は，前場寄付後30分と比べて，十数ミリ秒程度PTSが東証に対して先行度を増すことが確認された．これらの分析結果は，日々の相場変動によらず，一日内の時間帯に応じて売買行動をシステマティックに変化させるような，高速の取引戦略の存在を示唆しているものと思われる．

さらに，東証ティックサイズの影響による先行遅行度の変化は，Core30銘柄と非Core30銘柄間で違いがみられた．市場ペアに共通する回帰係数の変化も観察された．

分析の限界および課題として，分析データのタイムスタンプがミリ秒単位であることや，データのサンプル頻度の制約から，ミリ秒未満での高速・高頻度売買を行う"超"高速のHFTの行動に起因する先行遅行関係は捉えられてはいない．データ前処理方法に対する今回の分析結果の頑健性も課題点として残されており，適切なデータ前処理方法についても検証・検討を重ねる必要がある．さらに，採用した先行遅行推定に関する統計的方法論は提唱されて日が浅く理論的に未整備な状況にある．"ノイズ"のレベルが高くしかも推定精度に関する

理論の確立していない指標 $\hat{\theta}$ を用いた今回の分析結果は報告としてはあくまで暫定的なものに過ぎず，結果の解釈には十分注意されなければならない．今後検証が必要である．本報告の知見を深化・発展させるためには，分析手法の改良や代替的手法の開発が必要である．

今回得られた結果は特定の期間，特定の銘柄群を分析して得られた暫定的なものに過ぎないことから，これを直ちに一般化することはできない．他の期間や銘柄データを用いた実証分析が行われねばならない．得られた結果をマイクロストラクチャ研究と関連付ける作業も推し進めねばならない．

〔参考文献〕

宇野 淳 (2012)．「株式取引の市場間競争――上場株取引の市場分散と価格形成――」『証券アナリストジャーナル』**50** (9), 6–16.

太田 亘 (2013)．「取引システム高速化の流動性に対する長期的影響」日本ファイナンス学会第 21 回大会予稿集 CD-ROM.

大墳剛士 (2014)．「米国市場の複雑性と HFT を巡る議論」JPX ワーキング・ペーパー特別レポート．

加藤宏典・佐藤整尚・吉田朋広 (2011)．「Lead-lag 推定量を用いた為替データの分析」2011 年度統計関連学会連合大会予稿集．

近藤真史 (2015)．「東証立会市場における呼値の単位の変更の影響」JPX ワーキング・ペーパー, Vol.7.

林 高樹 (2015a)．「高頻度注文板データによる 2014 年東証ティックサイズ変更の国内株式市場への影響分析」『証券アナリストジャーナル』**53** (4), 29–39.

林 高樹 (2015b)．「国内高速 3 株式市場間の注文板形成の先行遅行関係」日本ファイナンス学会第 23 回大会予稿集 CD-ROM.

保坂 豪 (2014)．「東京証券取引所における High-Frequency Trading の分析」『証券アナリストジャーナル』**52** (6), 73–82.

Avellaneda, M., Reed, J. and Stoikov, S. (2011), "Forecasting Prices from Level-I Quotes in the Presence of Hidden Liquidity," *Algorithmic Finance*, **1** (1), 35–43.

Brogaard, J., Hendershott, T. and Riordan, R. (2014), "High-Frequency Trading and Price Discovery," *Review of Financial Studies*, **27** (8), 2267–2306.

Gatheral, J. and Oomen, R. C. A. (2010), "Zero-intelligence Realized Variance Estimation," *Finance Stoch.*, **14**, 249–283.

Hasbrouck, J. and Saar, G. (2013), "Low-latency Trading," *Journal of Financial Markets*, **16** (4), 646–679.

Hayashi, T. and Yoshida, N. (2005), "On Covariance Estimation of Nonsynchronously Observed Diffusion Processes," *Bernoulli*, **11** (2), 359–379.

Hayashi, T. and Yoshida, N. (2008), "Asymptotic Normality of a Covariance Estimator for Nonsynchronously Observed Diffusion Processes," *Ann. Inst. Statist. Math.*, **60** (2), 357–396.

Hayashi, T. and Yoshida, N. (2011), "Nonsynchronous Covariation Process and Limit Theorems," *Stoch. Process. Appl.*, **21** (10), 2416–2454.

Hoffmann, M., Rosenbaum, M. and Yoshida, N. (2013), "Estimation of the Lead-lag Parameter from Non-Synchronous Data," *Bernoulli*, **19** (2), 426–461.

Huth, N. and Abergel, F. (2014), "High Frequency Lead/lag Relationships: Empirical Facts," *Journal of Empirical Finance*, **26**, 41–58. arXiv preprint arXiv:1111.7103.v1.

（林 高樹：慶應義塾大学大学院/独立行政法人科学技術振興機構 **CREST**）

6 小企業のEL推計における業歴の有効性

尾木研三・戸城正浩・枇々木規雄

概要 金融機関経営において，Expected Loss (EL) の適切な推計は非常に重要である．EL は Probability of Default (PD)×Loss Given Default (LGD) で計算する．PD と LGD は EL 推計に必須のファクターであり，これらを個別に推計するモデルの研究はさまざま行われている．ただ，金融機関の多くは，PD はモデルを使って推計しているのに対し，LGD は過去の実績値を一律に当てはめている．したがって，個々の企業の PD と LGD に相関がある場合，与信ポートフォリオの格付構成比が悪化したときに EL が過小評価される危険性がある．

先行研究をみると，小企業の場合，個々の企業の PD と LGD には正の相関がある可能性が高い．尾木・戸城・枇々木 (2014) は，業歴は経営者の個人資産額の代理変数となっており，業歴が長い企業ほど経営者の個人資産額が多いため，デフォルト率が低くなることを示している．さらに，尾木ら (2015) は業歴が長い企業ほど経営者の個人資産額が多いので，デフォルト後の回収率が高く（LGD が低く）なることを明らかにしている．このように，小企業は経営者の個人資産額が PD や LGD に影響を与えるため，業歴が長い企業ほど PD が低く，LGD も低くなるという正の相関があると推測される．しかし，個々の企業の PD と LGD の相関が EL に与える影響を分析した研究はわれわれの知る限り存在しない．

そこで，本研究では（株）日本政策金融公庫国民生活事業本部が保有する約63万社の小企業のデータを用いてこの仮説を検証した．その結果，担保付融資については相関がなかったが，無担保無保証融資については正の相関があり，この相関は業歴を共通ファクターとする疑似相関であることも明らかになった．さらに，業歴を使って EL を推計するシングルファクターモデルを構築したところ，業歴だけでもおおよその EL を推計できることがわかった．

1 はじめに

金融機関は，EL（Expected Loss: 期待損失）をもとに金利の設定や貸倒引当金の見積もりなどを行っている．したがって，ELを適切に推計することは，信用リスク管理部門の最も重要な業務であるといっても過言ではない．ELはPD（Probability of Default：デフォルト確率）×LGD（Loss Given Default：デフォルト時損失率）で定義される[1]．そのため，ELを計算するために必要なPDやLGDを推計する方法についての研究はさまざま行われている．

国内の研究だけでも，PD推計に関する研究として，白田(2003)は1992年から2000年の9年間の帝国データバンクのデータを用いて企業倒産予知モデルを構築している．森平・岡崎(2009)は上場企業の財務データと景気動向指数や日経平均株価，原油価格などを用いて，マクロファクターを加味した期間構造型の信用スコアリングモデルを提案している．枇々木・尾木・戸城(2010)は，小企業向けのスコアリングモデルに業歴別デフォルト率を定式化した3次関数を変数に加えるとAR値が向上することを示している．また，枇々木ら(2012)は，小企業のPD推計モデルのマクロファクターとして前月のデフォルト率を変数に加えると，景気変動の影響を考慮できることを示している．山下・三浦(2011)は，信用スコアリングモデルの評価方法について詳細な分析と評価を行っている．このほかにも多数の研究があり，成果も上がっている．推計精度の向上を背景に，今やほとんどの金融機関がモデルを使用してPDを推計している．

また，LGDもしくは回収率の推計に関する研究として，森平(2009)は，回収率を0%，0%超100%未満，100%の三つにカテゴリー化してモデルを構築し，各カテゴリーの回収率の推計値に生起確率を乗じた値を合計して推計回収率を算出する方法を提案した．伊藤・山下(2008)は信用保証協会のデータを用いて，回収率を0%かそれ以外でカテゴリー化した2項ロジットモデルを構築し，

---

[1] PD×LGD×EADで定義される場合もある．

回収率に影響を与える要因として，デフォルト以前の財務指標や業種などが有効であることを明らかにしている．さらに，順序ロジットモデルを使って回収率の大きさを決定する要因を分析し，担保の有無や負債に関する財務指標が有意であることを示している．

三浦・山下・江口 (2010) は金融機関のデータを用いて，回収率を推定するためにロジスティック回帰モデルを構築し，経過時間，担保カバー率，保証カバー率が有意であることを述べている．川田・山下 (2012) は，LGD の推計には担保，保証，貸出規模が重要であり，PD 推計モデルと多段階モデルによる LGD 推計モデルを組み合わせた EL 推計モデルを提案し，推計精度の向上が期待できることを述べている．

今井・尾藤 (2014) は，日本リスク・データ・バンクのデータを使用して，Gamma 回帰による回収額推計モデルを提案している．尾木・戸城・枇々木 (2015) は，小企業向け回収率推計モデルの有効性について示している．以上のように，LGD 推計に関する研究もさまざま行われているが，PD 推計に関する研究に比べて歴史が浅く，課題も残されている．しかも，小企業に対する融資には担保や保証を付けることが多く，LGD が実質 0 に近いこともあって，モデルを実務で使用している金融機関は少ない．

PD はモデルを使って個別企業ごとに推計する一方で，LGD は一定の値をすべての企業に一律に当てはめると，個別企業の PD と LGD に正の相関がある場合，与信ポートフォリオの格付構成比が悪化したときに EL を過小評価する危険性がある．

PD と LGD の相関についての先行研究をみると，バーゼル銀行監督委員会の指摘もあり，景気が悪化したときに与信ポートフォリオ全体の PD と LGD の相関が EL に与える影響についての研究は盛んに行われている．Altman et al. (2002) は，PD の観測値である DR (Default Rate) と LGD の相関を時系列で分析し，景気後退期は与信ポートフォリオの DR が上昇するとともに，回収率も低くなる（LGD が高くなる）ことを明らかにしている．ムーディーズ・インベスターズ・サービス (2011) も，与信ポートフォリオの DR と LGD は正の相関関係にあることを確認している．一方で，Hurt and Felsovalyi (1998),

Witzany (2011) は，DR と LGD の相関が統計的に有意にはならなかったことを示している．

ただ，与信ポートフォリオの構成が変化したときに個々の企業の PD と LGD の相関が EL に与える影響について分析した先行研究はわれわれの知る限り存在しない．個別企業の PD と LGD に注目した分析として，Grunert and Weber (2009) はドイツの大手金融機関から借り入れをしている 120 社の企業を分析し，PD の高い企業ほど LGD が大きくなるため，相関を考慮しないと信用リスクの過小評価を招く可能性があることを指摘している．ただ，分析対象に大企業が含まれているうえ，分析内容も相関の算出にとどまっている．川田・山下 (2012) は日本の銀行から融資を受けている企業のデータを用いて分析を行い，信用スコアリングモデルのスコアと LGD の相関がマイナスとなり，一般的な認識と異なる結果となったことを述べている．

以上のように，個別企業の PD と LGD の相関について分析した研究は少なく[2]，EL に与える影響について分析したものは，われわれの知る限り存在しない．さらに，小企業を対象にした分析は見当たらない．そこで，われわれはこの点について分析を行う．小企業の PD 推計モデルや LGD 推計モデルについて分析したわれわれの研究から推測すると，わが国の小企業においては，正の相関があると考えられる．たとえば，尾木・戸城・枇々木 (2014) は，業歴は経営者の個人資産額の代理変数となっており，業歴が長い企業ほど経営者の個人資産額が多いため，デフォルト率が低くなる傾向があることを明らかにしている．さらに，尾木ら (2015) は業歴が長い企業ほど経営者の個人資産額が多くなるので，無担保無保証融資の回収率が高く（LGD が低く）なることを示している．

つまり，小企業は経営者の個人資産額が PD や LGD に影響を与えるため，業歴が長い企業ほど PD が低く，LGD も低くなるという，業歴を共通ファクターとする正の疑似相関があると推測される．そこで，本研究では日本政策金融公庫国民生活事業本部（以下，公庫という）が保有する約 63 万社の小企業の

---

[2] バーゼル銀行監督委員会は与信ポートフォリオの PD と LGD に相関があるため，景気後退期に EL が過小評価される可能性を指摘している．景気後退期の PD と LGD の相関については補論を参照してほしい．

データを使ってこの仮説を検証すると同時に，EL 推計における業歴の有効性を確認する．分析の結果，以下の 3 点が明らかになった．

(1) 個別企業の PD と LGD の相関は，担保付融資では確認できなかったが，無担保無保証融資においては正の相関があることがわかった．
(2) 業歴の影響を取り除いた DR と LGD の残差に相関がないことから，業歴を共通ファクターとする疑似相関であることが明らかになった．
(3) 業歴を使って EL を推計するシングルファクターモデルを構築して精度を検証した結果，EL と実際の損失率に大きな差はみられなかった．業歴だけでもおおよその EL を推計できることがわかり，EL 推計においても業歴は有効なファクターであることがわかった．

本論文の構成は以下のとおりである．第 2 節で PD と LGD の相関について分析し，第 3 節で PD と LGD の共通ファクターが業歴であることを確認する．第 4 節では，EL 推計における業歴の有効性を調べるため，業歴を使って EL を推計するシングルファクターモデルを構築してその精度を検証する．第 5 節でまとめと今後の課題を述べる．

2　PD と LGD の相関の確認

本節では，小企業において，個々の企業の PD と LGD に相関があるかどうかを確認する．具体的には，公庫が 2004 年度から 2012 年度に融資した約 63 万社のデータを用いて，PD の観測値である DR と LGD の相関を調べる．その際，尾木ら (2015) の研究で担保が付いている債権と無担保無保証の債権とでは LGD の決定要因が異なることを示していることを踏まえ，分析は担保付融資と無担保無保証融資に分けて行う．また，わが国では債権回収は数年かけて行われることを考慮し，LGD はデフォルト後 1 年間，2 年間，3 年間の 3 種類のデータを使用する．分析の結果，担保付融資については相関が確認できなかったが，無担保無保証融資については，DR が高いほど LGD も高くなるという正の相関が確認できた．

2.1 使用データとDRおよびLGDの定義

公庫は約93万社の企業に事業資金を融資している．融資先の約90%が従業者数9人未満の小企業で，法人企業だけではなく個人企業にも融資している．本分析では，表6-1のとおり，公庫が2004–2012年度に融資した約63万社の法人企業のデータを使用した．担保付融資は約11万社，無担保無保証融資は約51万社である．

表 6-1　使用データ

融資年度	デフォルト年度	デフォルト後経過1年LGD	デフォルト後経過2年LGD	デフォルト後経過3年LGD	担保付債権数	無担保無保証債権数
2012	2013				18,464	58,503
2011	2012	2013			9,429	57,402
2010	2011	2012	2013		12,603	77,700
2009	2010	2011	2012	2013	13,787	86,221
2008	2009	2010	2011	2012	11,421	75,474
2007	2008	2009	2010	2011	10,176	63,670
2006	2007	2008	2009	2010	10,638	45,608
2005	2006	2007	2008	2009	13,450	30,784
2004	2005	2006	2007	2008	14,680	19,108
合計					114,648	514,470

t年度のDRの定義は式(1)のとおりである．$t-1$年度に融資した債権のうちt年度にデフォルトした債権数を分子として計算している．たとえば，2010年のデフォルト率は，2009年度に融資した企業のうち，2010年度中にデフォルトした企業の割合である．ここで，分母には$t-1$年度にデフォルトした債権，つまり，2009年度中にデフォルトした債権は含んでいないことに注意してほしい．

$$DR(t) = \frac{D(t)}{ND(t) + D(t)} \quad (1)$$

また，LGDはデフォルト年度末の残高金額を分母，デフォルト年度後に回収したτ年間での回収金額を分子として計算した回収率（Recovery Rate:RR）を1から引いたものである．企業iの累積回収率$RR_i(\tau)$は式(2)のとおり，回収期間をτ期間とすると，デフォルト時$(t=0)$の企業iの債権残高(EAD_i)に対するそれ以降のτ期間の回収金額(CF_i)の割合で定義する．たとえば，2013年度の累積3年LGDとは，2009年度に融資して2010年度にデフォルトした

債権の残高のうち，2013年度末時点で回収できていない債権金額の割合となる．ここで，債権残高 (EAD_i) はデフォルト時点の元本とする．分子のキャッシュフローについては，時間価値や回収コストなどを考慮すべきであるが，適切な割引率の決定や回収コストの算出については課題も多く，会計との親和性を考えて元本回収額とする．また，ランクアップした債権は除外する．

$$LGD_i(\tau) = 1 - RR_i(\tau) = 1 - \frac{CF_i(\tau)}{EAD_i} \tag{2}$$

2.2 分析手順

2004年度から2006年度までは，無担保無保証融資の債権数が少ないため，2007年度から2011年度に融資した企業のデータを使用する．分析手順は以下のとおりである（図6-1参照）．

① 公庫が使用している信用スコアリングモデルを使って全企業のスコアを算出する．

② デフォルト企業を抽出し，スコアの高い順に並べてから16等分し，1〜16のグループをつくる．

③ 各グループの最低スコアを閾値にして，非デフォルト企業を各グループに割り当てる．

④ 各グループのDRとLGDを算出する．

⑤ LGDを被説明変数，DRを説明変数として単回帰モデルを構築し，R^2と係数の符号を確認する．

	債権番号	0001	0002	0003	0004	...	999	1000
①	クレジットスコア	56.4	82.5	45.8	32.6	...	76.1	63.2
	状態	Default	Non-Default	Non-Default	Default	...	Non-Default	Non-Default

	グループ	1		2		...	16	
②	デフォルト債権数	525		525		...	525	

	グループ	1	2	...	16
③	クレジットスコアの閾値	90点以上	80点以上90点未満	...	20点未満
	デフォルト債権数	525	525	...	525
	非デフォルト債権数	73,750	49,925	...	6,079

	グループ	1	2	...	16
④	DR	0.8%	1.1%	...	8.6%
	LGD	82.5%	85.0%	...	96.2%

⑤ LGD=α +β（DR）

図 6-1 分析の手順

2.3 分 析 結 果

2007 年度から 2009 年度に融資した企業のデータを使い,DR とデフォルト後経過 3 年 LGD の散布図を作成し,R^2 を算出した.結果を図 6-2 に示す.R^2 は 0.1 以下であり,相関は確認できなかった.

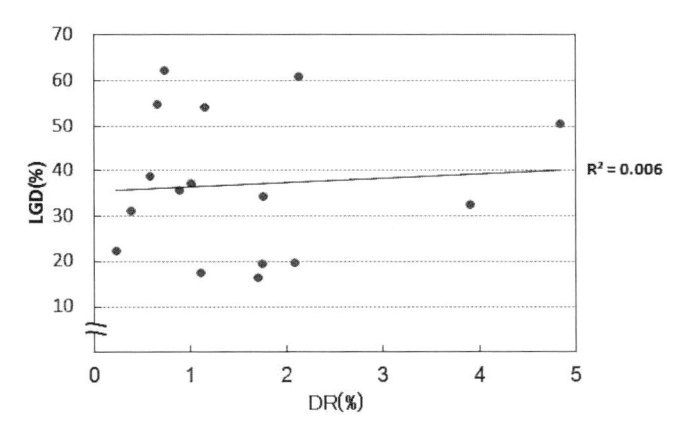

図 6-2 担保付融資の DR と LGD の関係

表 6-2 担保付融資の R^2

融資年度	デフォルト年度	デフォルト後経過 1 年 LGD	デフォルト後経過 2 年 LGD	デフォルト後経過 3 年 LGD	担保付債権数
2007-11	2008-12	0.02	0.07	0.02	57,416
2011	2012	−0.08			9,429
2010	2011	0.00	0.00		12,603
2009	2010	0.00	0.01	0.00	13,787
2008	2009	0.01	0.00	0.02	11,421
2007	2008	0.01	0.04	0.03	10,176

さらに詳しく調べるために,2007 年度から 2011 年度の各年度について,DR とデフォルト後 1 年間から 3 年間の LGD で回帰したときの R^2 を表 6-2 に示す.ほぼすべてのカテゴリーで相関が 0 付近にあり,相関は確認できない.川田・山下 (2012) は,信用リスクの高い企業ほど担保や保証などの保全割合が高いことを述べている.また,実務的にも担保付融資の回収率は,担保価値で

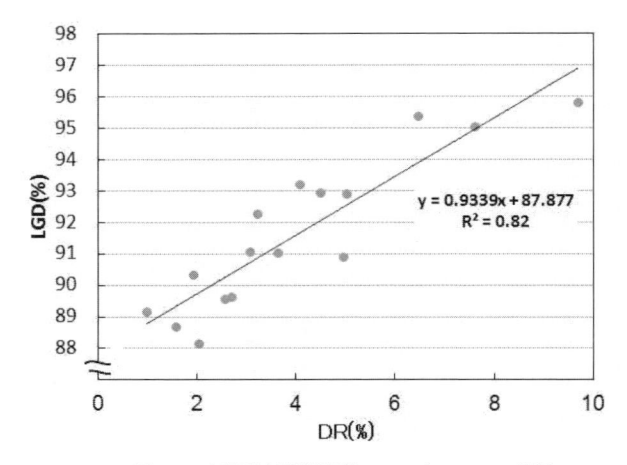

図 6-3 無担保無保証融資の DR と LGD の関係

表 6-3 無担保無保証融資の R^2

融資年度	デフォルト年度	デフォルト後経過 1 年 LGD	デフォルト後経過 2 年 LGD	デフォルト後経過 3 年 LGD	無担保無保証債権数
2007-11	2008-12	0.83 (8.23)	0.82 (7.99)	0.82 (7.91)	360,467
2011	2012	0.33 (2.61)			57,402
2010	2011	0.27 (2.26)	0.41 (3.13)		77,700
2009	2010	0.48 (3.60)	0.42 (3.16)	0.44 (3.33)	86,221
2008	2009	0.17 (1.70)	0.43 (3.22)	0.60 (4.60)	75,474
2007	2008	0.65 (5.13)	0.76 (6.72)	0.76 (6.68)	63,370

注：かっこ内は t 値．

決定されるといわれており，企業の信用度と相関がないことは妥当な結果といえる．

次に，無担保無保証融資の DR とデフォルト後経過 3 年 LGD の散布図を図 6-3 に示す．R^2 は 0.82 で DR が高いほど LGD が高くなっており，高い正の相関が確認できる．

さらに，2007 年度から 2011 年度の各年度について，DR とデフォルト後経過 1 年から 3 年 LGD で回帰したときの R^2 を表 6-3 に示す．2007 年度から 2011 年度までを合計したカテゴリーで 0.82～0.83 と高い相関が確認できる．年度別にみても，2008 年度貸付の DR とデフォルト後経過 1 年 LGD の回帰係数以外はすべて 5% 水準で t 値が有意になった．デフォルト後経過 2 年 LGD，3 年

LGD と DR との相関は 0.41〜0.76 の水準にあり，年度別にみても正の相関を確認することができる．信用リスクの低い企業ほどデフォルト後に残った資産が多いことが背景にあると考えられる．以上の分析から，仮説通り，無担保無保証融資については，PD と LGD との間に正の相関があることがわかった．

2.4 PD と LGD の相関が EL に与える影響

本項では PD と LGD の相関が，EL 推計に与える影響についてシミュレーションする．表 6-4 は無担保無保証融資の格付構成比が悪化したときに，相関を考慮した場合の EL と考慮しなかった場合の EL を算出したものである．

格付は，前項で使用した 1〜16 のグループを置き換え，PD はそれぞれのグループの実績 DR を用いた．格付構成比は，構成比変化前から構成比変化後に悪化するように任意の値を置いている．相関を考慮した LGD はそれぞれの格付の実績 LGD を使用し，相関を考慮しない LGD は，1 格から 16 格まで一律の LGD を使用した．一律の LGD は，格付構成比悪化前の EL が，相関を考慮した場合としない場合とで同じになるように計算している．

シミュレーションの結果，構成比が悪化する前の EL はどちらも 2.5%であるが，悪化すると，相関を考慮した場合は 4.1%であるのに対し，相関を考慮しない場合は 4.0%と 0.1%の過小評価となった．格付構成比の悪化の程度によっ

表 6-4 格付構成比が悪化したときの PD と LGD の相関が与える EL の影響（例）

格付	PD	格付構成比		相関考慮		相関考慮なし	
		悪化前	悪化後	LGD	EL	LGD	EL
1	0.8%	10.0%	2.5%	84.9%	0.4%	89.5%	0.5%
2	1.4%	10.0%	2.5%	84.9%	0.7%	89.5%	0.8%
3	1.7%	10.0%	2.5%	86.7%	0.9%	89.5%	0.9%
4	1.8%	10.0%	2.5%	85.1%	0.9%	89.5%	1.0%
5	2.2%	7.5%	5.0%	86.8%	2.3%	89.5%	2.4%
6	2.4%	7.5%	5.0%	86.9%	2.5%	89.5%	2.7%
7	2.6%	7.5%	5.0%	88.2%	2.8%	89.5%	2.9%
8	2.9%	7.5%	5.0%	89.2%	3.2%	89.5%	3.3%
9	3.3%	5.0%	7.5%	88.7%	5.3%	89.5%	5.5%
10	3.6%	5.0%	7.5%	92.1%	6.0%	89.5%	6.0%
11	4.0%	5.0%	7.5%	91.2%	6.6%	89.5%	6.7%
12	4.6%	5.0%	7.5%	89.8%	7.5%	89.5%	7.7%
13	5.0%	2.5%	10.0%	91.0%	11.0%	89.5%	11.1%
14	6.2%	2.5%	10.0%	93.6%	14.0%	89.5%	13.8%
15	7.1%	2.5%	10.0%	94.1%	16.0%	89.5%	15.7%
16	8.6%	2.5%	10.0%	95.0%	19.8%	89.5%	19.1%
Total	3.6%	100.0%	100.0%	89.5%	4.1%	89.5%	4.0%

注：格付構成比（前）のときのELは2.5%である．

て影響の大きさが変わるので評価は難しいものの，無担保無保証融資のポートフォリオ管理においては，少なくとも PD と LGD の相関を考慮することが望ましいことがわかる．

3 PD と LGD の共通ファクターが業歴であることの検証

前節の分析によって無担保無保証融資の PD と LGD には正の相関があることがわかった．10 年ほど前から，金融機関は少しずつ無担保無保証融資を増やしており，適切に EL を推計するには PD と LGD の相関を考慮する必要がある．それには，PD と LGD の共通ファクターをモデルの変数に取り入れることが有効である．

共通ファクターは PD と LGD の両方に影響を与える変数であり，自己資本比率や現預金額などさまざまな変数が候補となりうる．尾木ら (2014, 2015) の研究をみると，小企業の場合は PD 推計モデルも回収率推計モデルも経営者の個人資産額の代理変数となっている業歴が変数として使用されている．小企業は資産規模が小さいので，経営者の個人資産額が経営に与える影響は大きい．したがって，業歴が共通ファクターとなっている可能性が高い．

本節ではこの仮説を検証する．具体的には，業歴別 DR と業歴別 LGD を定式化し，業歴の影響を取り除いた残差の相関を検証する．残差に相関がなければ，PD と LGD の相関は業歴を共通ファクターとする疑似相関ということになる．

尾木ら (2014) は業歴別 DR が 3 次関数で記述できることを示したが，無担保無保証融資の業歴別 DR が 3 次関数で示せるかどうかは明らかにしていない．そこで，無担保無保証融資を対象に，3.1 項で業歴別 DR を，3.2 項で業歴別 LGD を定式化したあと，3.3 項で残差に相関があるかどうかを検証する．

3.1 業歴別デフォルト率の定式化

尾木ら (2014) は，業歴別デフォルト率が 3 次関数で示せることを業種別や規模別などの切り口で検証しているが，担保の有無など保全の種類別では検証していない．したがって，無担保無保証融資の業歴別 DR が 3 次関数であるかど

うかは明らかではない．

そこで，本項では，尾木ら (2014) の手順に従って無担保無保証融資の業歴別 DR の定式化を試みる．分析の結果，表 6-5 のとおり，3 次関数以上でも自由度修正済み R^2（以下，修正 R^2）は大きく向上しない．尾木らと同様に，無担保無保証融資の DR も 3 次関数で表現できることがわかった．

表 6-5 無担保無保証融資の業歴別デフォルト率の関数の修正 R^2

	1次	2次	3次	4次	5次	6次
修正R^2	0.386	0.685	0.810	0.816	0.827	0.843

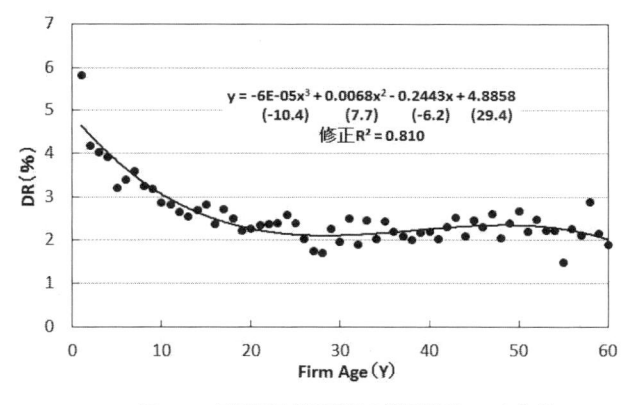

図 6-4 無担保無保証融資の業歴別デフォルト率

3.2 業歴別 LGD の定式化

次に業歴別 LGD を定式化する．尾木ら (2015) は無担保無保証融資の回収率を推計するモデルの変数として業歴の年数が有効であることを示したが，業歴の年数を変数としているだけで，業歴別 LGD の定式化までは行っていない．

業歴別 LGD を算出するには，まずデフォルト後の経過期間を決める必要がある．そこで，デフォルトデータが比較的多い 2007 年度から 2009 年度のデータを使ってデフォルト後経過 1 年 LGD から 3 年 LGD の業歴別 LGD を線形関数で当てはめたときの修正 R^2 を図 6-5 に示す．1 年 LGD に比べて 2 年 LGD

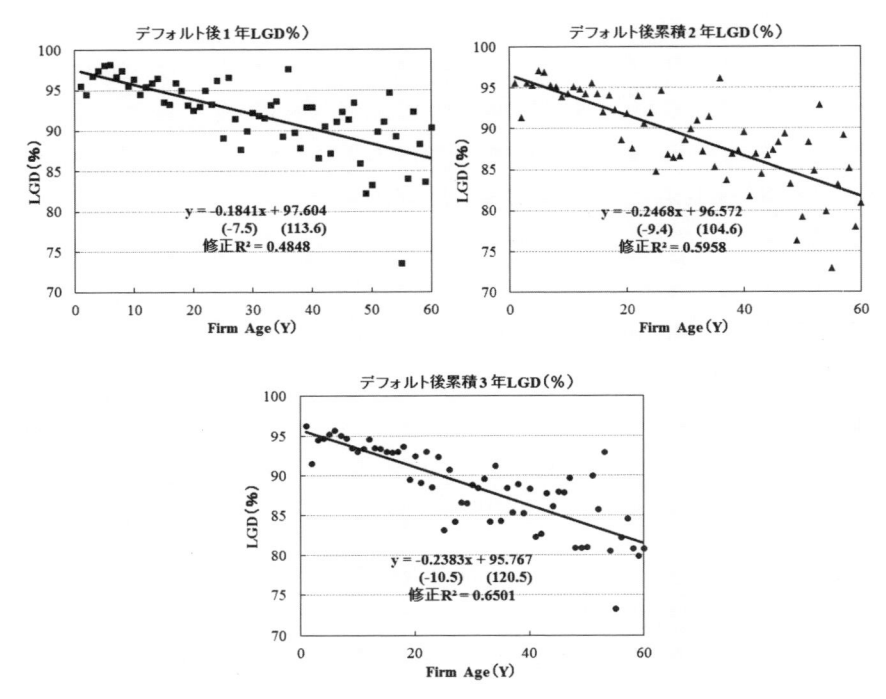

図 6-5 デフォルト後の累積年数別業歴別 LGD

の値は大きく低下している．2年 LGD に比べて 3 年 LGD は値の水準に大きな差はないが，修正 R^2 は 0.5958 から 0.6501 に向上している[3]．したがって，本研究ではデフォルト後経過 3 年 LGD のデータを用いて分析する[4]．

---

3) LGD のサンプルはデフォルト企業であり，業歴 50 年を超えると 1 年あたりのサンプル数が 50 社を下回ることから分散が大きくなる．Breusch-Pagan テストおよび White テストを行った結果，分散均一の帰無仮説が棄却されるため，修正 R^2 の評価には注意を要するが，White の修正でも係数の t 値が有意になること，業歴 50 年までのデータでは 5%水準で帰無仮説が棄却されないことを確認しており，結論に大きな影響を与えないと考えられる．

4) 業歴別 LGD を 1 次から 6 次までの関数を当てはめたときの修正 R^2 を下表に示す．次数を上げてもほとんど変わらない．業歴別 DR は 3 次関数で示すことができる一方で，業歴別 LGD は線形関数でよいと考えられる．

表　無担保無保証融資の業歴別 LGD の関数の修正 R^2

	1 次	2 次	3 次	4 次	5 次	6 次
修正 R^2	0.65	0.64	0.64	0.66	0.65	0.65

3.3 残差の相関分析

業歴の影響を取り除いた PD と LGD の相関を確認するために，業歴別 DR と業歴別 LGD の残差の相関を確認する．具体的には，式 (3) の業歴別 DR の残差 $\varepsilon_{DR,x}$ と，式 (4) の業歴別 LGD の残差 $\varepsilon_{LDR,x}$ との相関を確認する．相関がなければ，PD と LGD は業歴を共通ファクターとする疑似相関ということになる．

$$y_{DR,x} = -6 \times 10^{-5} x^3 + 0.0068 x^2 - 0.2443 x + 4.8858 + \varepsilon_{DR,x} \quad (3)$$

$$y_{LDR,x} = -0.2383 x + 95.767 + \varepsilon_{LDR,x} \quad (4)$$

残差同士の相関を分析する前に，業歴別 DR と業歴別 LGD の相関を確認しておく．結果を図 6-6 に示す．業歴別 DR は LGD の 3 次関数で示すことができ，R^2 も 0.4582 と一定の相関が確認できる．

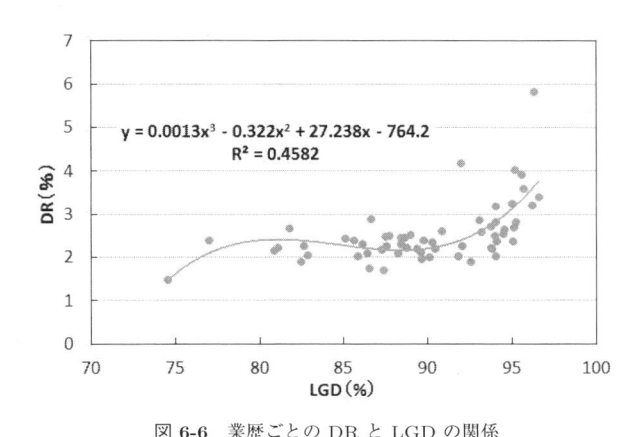

図 6-6 業歴ごとの DR と LGD の関係

次に，業歴の影響を取り除いたそれぞれの残差の関係を図 6-7 に示す．R^2 は 0.0229 と小さく，業歴の影響を取り除くと，PD と LGD の相関は確認できなかった．PD と LGD の相関は業歴を共通ファクターとする疑似相関であることが明らかになった．

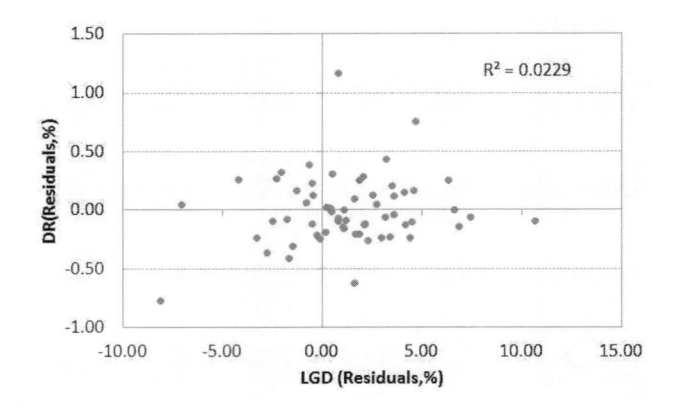

図 6-7　業歴の影響を取り除いた DR と LGD の残差の関係

4　EL 推計における業歴の有効性

これまでの分析で，個々の企業の PD と LGD は業歴を共通ファクターとする疑似相関であることがわかった．業歴が EL 推計に有効な変数であるとすれば，業歴だけでおおよその EL が推計できる可能性がある．そこで，本節では，業歴を使って EL を推計するシングルファクターモデルを構築し，モデルで推計した EL と実際の損失率の差を検証することによって業歴の有効性を確認する．

具体的には，まず，2007 年度から 2009 年度のデータを用いて各企業の EL を計算し，業歴別の EL を算出する．それを多項式関数によって定式化してシングルファクターモデルを構築する．次に，任意にサンプル企業を 500〜2 万社抽出し，業歴だけで推計した EL と実際の損失率との差を検証する．

4.1　業歴で EL を推計するシングルファクターモデルの構築

本項では業歴別 EL を定式化して業歴で EL を推計するシングルファクターモデルを構築する．具体的には業歴別 DR と業歴別 LGD（デフォルト後 3 年間）を乗じて業歴別 EL を算出し，関数形を選定する．EL は式 (5) のとおりである．

6 小企業の EL 推計における業歴の有効性　171

$$EL = PD \times LGD \tag{5}$$

業歴別 DR が式 (6) のとおり，業歴の 3 次関数で示すことができ，業歴別 LGD も式 (7) のとおり，線形関数で示すことができるならば，EL は式 (8) のように 4 次関数で表現できる[5]．ここで x は業歴，i および j は次数である．

$$PD(3) = \alpha_0 + \alpha_1 x + \alpha_2 x^2 + \alpha_3 x^3 = \sum_{i=0}^{3} \alpha_i x^i \tag{6}$$

$$LGD(1) = \beta_0 + \beta_1 x = \sum_{j=0}^{1} \beta_j x^j \tag{7}$$

$$EL(4) = \sum_{i=0}^{3} \sum_{j=0}^{1} \alpha_i x^i \beta_j x^j = \sum_{k=0}^{4} \eta_k x^k \tag{8}$$

$$\text{ただし，} \quad \eta_k = \sum_{t=\max\{k-1,0\}}^{\min\{k,3\}} \alpha_t \beta_{k-t}$$

以上を踏まえて，1 次関数から 4 次関数の当てはめを行った．結果を表 6-6 に示す．4 次関数のパフォーマンスが最も高くなった．図 6-8 のとおり，本研究では 4 次関数を採用する．

表 6-6　業歴別 EL の修正 R^2

	1次	2次	3次	4次
修正R^2	0.473	0.728	0.831	0.835

4.2　推計精度の検証

本項ではシングルファクターモデルの推計精度を確認することによって，EL 推計における業歴の有効性を検証する．具体的には，表 6-7 のとおり，まず，2007 年度から 2009 年度に貸付した債権データからランダムにサンプル企業を抽出する．サンプル抽出は SAS.STAT のシングルランダムサンプリングを使用する．サンプル企業数は，100 社，300 社，500 社，1000 社，3000 社，5000

---

[5]　誤差項は省略している．

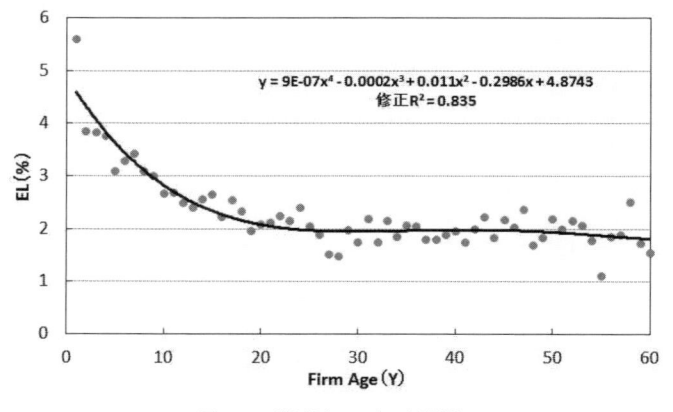

図 6-8　業歴別 EL（4次関数）

社，10000社，20,000社の8パターンとした．それぞれのパターンにつき100サンプル（合計800サンプル）ずつ抽出して実際の損失率を式 (9) のとおり計算する．次に，シングルファクターモデルを用いて，表6-7の2列目の業歴だけで各サンプルの EL を算出し，実績の損失率との差の絶対値を算出する．

$$損失率 = (EAD 合計額 - 回収金額合計額) \div 貸付 1 年後残高合計額 \quad (9)$$

表 6-7　サンプルのイメージ

No	業歴	融資額	1年後の状態	1年後残高	EAD	回収金額
1	26	11,000	non-default	8,800		
2	11	15,000	default	12,000	12,000	1,000
3	35	5,000	non-default	4,000		
4	21	8,000	non-default	6,400		
5	18	35,000	non-default	28,000		
6	6	2,000	default	1,800	1,800	0
.	.	.	.	.	.	.
.	.	.	.	.	.	.
.	.	.	.	.	.	.
100	51	25,000	non-default	15,000		
Total		1,000,000		800,000	120,000	12,000

注: 100件のサンプルの場合．

100サンプルの差の絶対値の平均値と標準偏差を，サンプルサイズごとに算出した結果を図6-9に示す．サンプル企業数を増やしていくと徐々に差が小さくなる．損失率の平均値は2.2%前後であるのに対し，サンプル企業数が500社

ではELと実際の損失率との差が平均して0.64%生じており，差はやや大きいといえる．ただ，サンプル企業数が20,000社になると，平均して0.11%の差と小さくなる．標準偏差も0.09%であり，業歴だけでもおおよそのELが推計できる可能性がある．したがって，業歴はEL推計においても有効なファクターであることが確認できた．

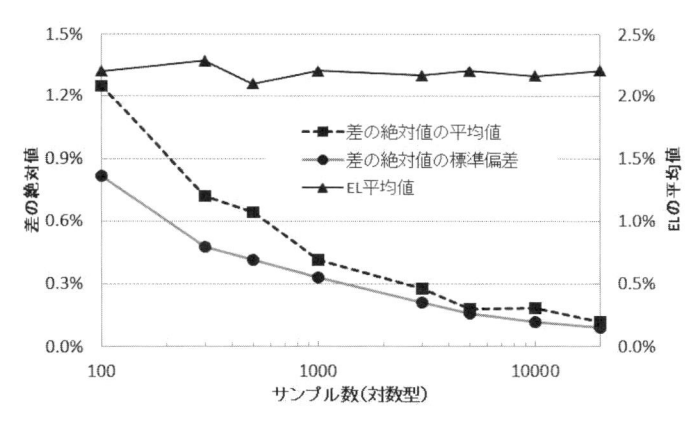

図 6-9　サンプル企業数別誤差の絶対値の平均値と標準偏差

5　まとめと今後の課題

これまで，わが国の金融機関は中小企業向け融資の大半に担保や保証を付けてきた．ELが低いため，PDとLGDの相関に注意を払う必要性が低く，このような実務の状況を背景に，個々の企業のPDとLGDの相関がEL推計に与える影響についての研究はほとんど行われてこなかった．ところが近年，無担保無保証融資のニーズの高まりとともに実績は着実に増えており，PDとLGDの相関に無関心ではいられなくなっている．そこで，本研究では，公庫が保有する約63万社の小企業のデータを使って分析を行った．その結果，PDとLGDに正の相関があることを確認した．また，この相関は業歴を共通ファクターとする疑似相関であり，業歴を使用することによっておおよそのELが推計できることが明らかになった．

本研究の成果について，実務面で期待される貢献は以下のとおりである．
(1) LGD 推計モデルを使用していない金融機関は，無担保無保証融資の EL が過小評価となる可能性がある．
(2) 相関を考慮した EL を推計するには PD 推計モデルと LGD 推計モデルの共通ファクターとして業歴を使用することが有効である．
(3) 小企業の場合，業歴だけでもおおよその EL を推計できることは，PD 推計モデルや LGD 推計モデルを独自開発することが難しい中小の金融機関や事業会社などに，信用リスクの計量化を進めるうえで新たな可能性を拓くものと考えられる．

データが不足しており，時系列分析が不十分だった点は今後の課題であるが，本研究の成果は，無担保無保証融資を拡大させる金融機関に，多くの示唆を与えるものと思われる．金融機関だけではなく多くの企業において，EL 推計の精度向上に貢献できれば幸いである．

補論　景気後退期における PD と LGD の相関

バーゼル銀行監督委員会は，与信ポートフォリオの PD と LGD の相関を考慮しないと景気後退期に EL が過小評価になる可能性があることを指摘している．Altman et al. (2002) やムーディーズ・インベスターズ・サービス (2011) も，景気後退期に PD が上昇すると LGD も上昇するという相関があることを示している．一方，尾木ら (2015) は LGD が景気の影響を受けないことを明らかにしている．

そこで，補論では景気後退期における PD と LGD の相関について確認するため，2005 年度から 2013 年度の DR とデフォルト後経過 1 年 LGD から 3 年 LGD を用いて，景気との相関を調べる．結果を図 6-10 に示す．DR は 2008 年のリーマンショックの影響を受けて上昇しているが，LGD に大きな変化はみられない．DR を LGD で回帰したときの R^2 は，いずれも t 値が 5% 水準で有意にならなかった．

さらに，別の角度から検証を加える．具体的には，業歴別 DR と業歴別 LGD

6 小企業の EL 推計における業歴の有効性   175

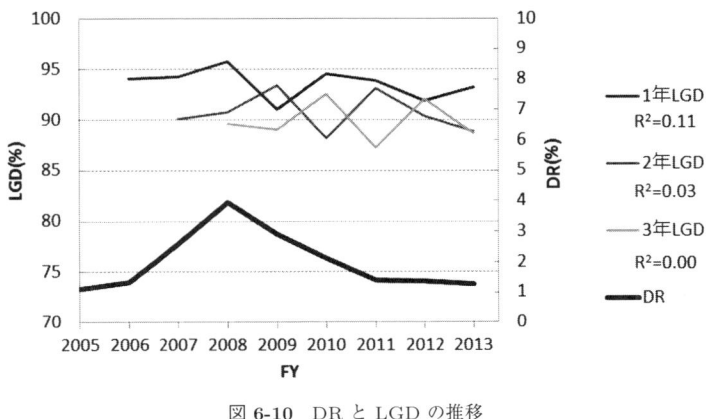

図 6-10 DR と LGD の推移

が景気後退期と景気安定期で差があるかどうかを確認する．公庫の全国中小企業動向調査によると，小企業の業況判断 DI は 2004 年から 2007 年はほぼ横ばい，2008 年ごろから DI が悪化している．内閣府経済社会総合研究所が設定している景気基準日付 (2015) をみると，2008 年 1–3 月期に景気の山がある．したがって，2007 年度以前を景気安定期，2008 年度以降を景気後退期と仮定し，それぞれのデータを用いて業歴別 DR と業歴別 LGD を算出する．その差を t 検定するとともに形状の変化を確認することによって，PD と LGD に相関があるかどうかを検証する．

まず，業歴別 DR について確認する．デフォルト年度が 2005 年度から 2007 年度の債権を使って景気安定期の業歴別 DR を算出すると同時に，2008 年度から 2010 年度の債権を使って景気後退期の業歴別 DR を作成し，t 検定を行った．その結果，5%水準で有意な差があることが確認できた．

景気安定期の業歴別 DR と景気後退期の業歴別 DR の 5 年間の中心化移動平均値を算出したものを図 6-11 に示す．景気後退期にあたる 2008 年度から 2010 年度の方が DR の水準が高くなっている．データ数が少ない業歴 50 年以上を除いて，視覚的にもほぼパラレルに上昇していることがわかる．図 6-10 の結果と合わせて考えると，DR は景気の影響を受けて変動すると考えてよさそうである．

次に，業歴別 LGD を確認する．具体的には，回収年度が景気安定期である

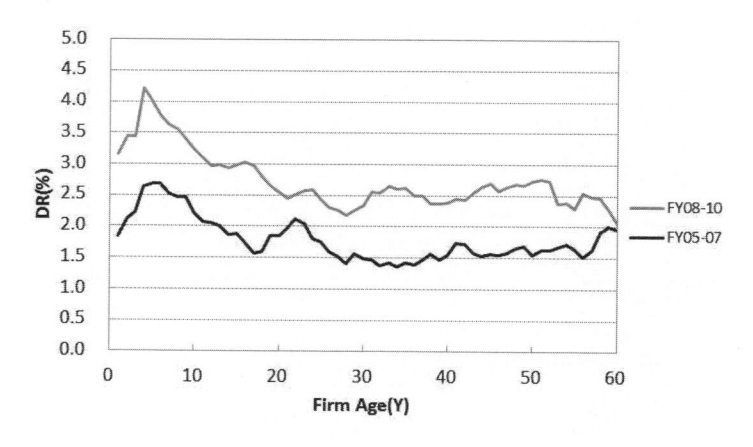

図 6-11 景気と業歴別デフォルト率の関係

2006年度と2007年度のデフォルト後経過1年の回収率と，景気後退期である2008年度から2010年度のデフォルト後経過1年の回収率を比較する．t検定の結果，5%水準で有意にならず，差があるとはいえないことが確認できた．さらに，業歴別LGDを移動平均したものを図6-12に示す．視覚的にもほとんど差がないことがわかる．図6-10の結果のとおり，LGDは景気の影響を受けないと考えられる．

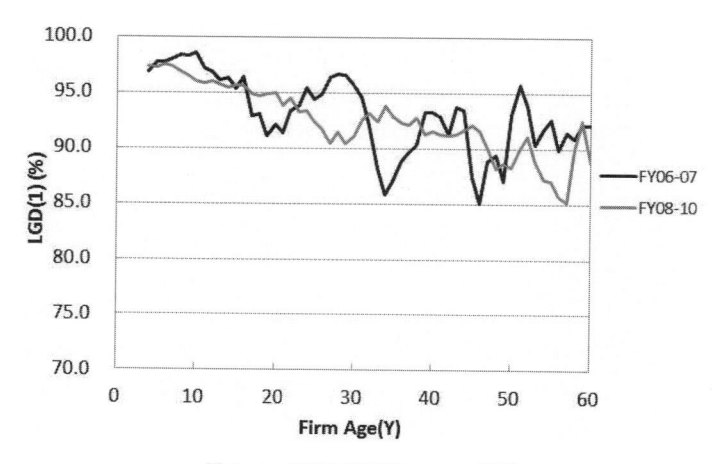

図 6-12 景気と業歴別 LGD の関係

以上の分析から，景気後退期において，PDは上昇する一方でLGDに変化はなく，PDとLGDの相関は確認できなかった．バーゼル銀行監督委員会の指摘と異なる結果となったが，時系列データが不足している可能性もあり，データの蓄積を待って再度分析する必要がある．

〔参考文献〕

伊藤有希・山下智志 (2008)，「中小企業に対する債権回収率の実証分析」『FSAリサーチ・レビュー』第4号（2008年3月発行），金融庁金融研修センター．

今井健太郎・尾藤 剛 (2014)，「Gamma回帰によるデフォルト債権の回収額推計モデルの実証研究」『JAFEE夏季大会予稿集』198–209．

尾木研三・戸城正浩・枇々木規雄 (2014)，「小規模企業向け信用スコアリングモデルにおける業歴の頑健性と経営者の個人資産との関係性」『JAFEE夏季大会予稿集』45–56．

尾木研三・戸城正浩・枇々木規雄 (2015)，「小企業向け保全別回収率モデルの構築と実証分析」中妻照雄・山田雄二・今井潤一編，『ジャフィー・ジャーナル—金融工学と市場計量分析　ファイナンスとデータ解析』朝倉書店，168–201．

川田章弘・山下智志 (2012)，「回収実績データに基づくLGDの要因分析と多段階モデルによるLGDおよびEL推計」『FSAリサーチ・レビュー』第7号（2013年3月発行），金融庁金融研修センター．

白田佳子 (2003)，『企業倒産予知モデル』中央経済社．

内閣府経済社会総合研究所 (2015)，景気基準日付
(http://www.esri.cao.go.jp/jp/stat/di/150724hiduke.html)．

枇々木規雄・尾木研三・戸城正浩 (2010)，「小企業向けスコアリングモデルにおける業歴の有効性」津田博史・中妻照雄・山田雄二編，『ジャフィー・ジャーナル—金融工学と市場計量分析　定量的信用リスク評価とその応用』朝倉書店，83–116．

枇々木規雄・尾木研三・戸城正浩 (2012)，「信用スコアリングモデルにおけるマクロファクターの導入と推定デフォルト確率の一致精度の改善効果」『日本オペレーションズ・リサーチ学会和文論文誌』**55**, 42–65．

三浦 翔・山下智志・江口真透 (2010)，「内部格付け手法における回収率・期待損失の統計型モデル—実績回収率データを用いたEL・LGD推計—」『FSAリサーチ・レビュー』第6号（2008年3月発行），金融庁金融研修センター．

ムーディーズ・インベスターズ・サービス (2011)，「社債・ローンのデフォルト率と回収率1920-2010年」ムーディーズ，スペシャル・コメント．

森平爽一郎 (2009), 『信用リスクモデリング—測定と管理—』朝倉書店.

山下智志 (2012), 「回収実績データを用いた LGD および EL と計量化モデルの課題」統計数理研究所リスク解析戦略研究センターシンポジウム (2012.3.15), 『新しい金融データ分析とリスク管理手法』資料.

山下智志・三浦 翔 (2011), 『信用リスクモデルの予測精度—AR 値と評価指標—』朝倉書店.

Altman, E. I., Resti, A. and Sironi A. (2002), "The Link between Default and Recovery Rates: Effects on the Procyclicality of Regulatory Capital Ratios," BIS Working Papers No.113.

Grunert, J. and Weber, M. (2009), "Recovery Rates of Commercial Lending : Empirical Evidence for German Companies," *Journal of Banking and Finance*, **33**, 505–513.

Hurt, L. and Felsovalyi, A. (1998), "Measuring Loss on Latin American Defaulted Bank Loans, A 27-year Study of 27 Countries," *Journal of Lending and Credit Risk Management*, **81** (2), 41–46.

Witzany, J. (2011), "A Two Factor Model for PD and LGD Correlation," *Bulletin of the Czech Econometric Society*, **18**.

（尾木研三：日本政策金融公庫/慶應義塾大学大学院）

（戸城正浩：日本政策金融公庫）

（枇々木規雄：慶應義塾大学理工学部）

『ジャフィー・ジャーナル』投稿規定

1. 『ジャフィー・ジャーナル』への投稿原稿は，金融工学，金融証券計量分析，金融経済学，行動ファイナンス，企業経営分析，コーポレートファイナンスなど資本市場と企業行動に関連した内容で，理論・実証・応用に関する内容を持ち，未発表の和文の原稿に限ります．
2. 投稿原稿は，以下の種とします．
   (1) 一般論文（Regular Contributed Papers）
      ジャフィーが対象とする広い意味でのファイナンスに関連するオリジナルな研究成果
   (2) 特集論文（Special Issue Papers）
      ジャフィー・ジャーナル各号で特集として設定されたテーマに関連するオリジナルな研究成果
3. 投稿された原稿は，『ジャフィー・ジャーナル』編集委員会が選定・依頼した査読者の審査を経て，掲載の可否を決定し，本編集委員会から著者に連絡する．
4. 原稿は，PDFファイルに変換したものをEメールでJAFEE事務局へ提出する．原則として，原稿は返却しない．なお，投稿原稿には，著者名，所属，連絡先を記載せず，別に，標題，種別，著者名，所属，連絡先（住所，Eメールアドレス，電話番号）を明記したものを添付する．
5. 査読者の審査を経て，採択された原稿は，原則としてLaTex形式で入稿しなければならない．なお，『ジャフィー・ジャーナル』への掲載図表も論文投稿者が作成する．
6. 著作権
   (1) 掲載された論文などの著作権は日本金融・証券計量・工学学会に帰属する（特別な事情がある場合には，著者と本編集委員会との間で協議の上措置する）．
   (2) 投稿原稿の中で引用する文章や図表の著作権に関する問題は，著者の責任において処理する．

[既刊ジャフィー・ジャーナル]

① 1995 年版　金融・証券投資戦略の新展開（森棟公夫・刈屋武昭編）
　　　　　　　A5 判 176 頁　ISBN4-492-71097-3
② 1998 年版　リスク管理と金融・証券投資戦略（森棟公夫・刈屋武昭編）
　　　　　　　A5 判 215 頁　ISBN4-492-71109-0
③ 1999 年版　金融技術とリスク管理の展開（今野　浩編）
　　　　　　　A5 判 185 頁　ISBN4-492-71128-7
④ 2001 年版　金融工学の新展開（高橋　一編）
　　　　　　　A5 判 166 頁　ISBN4-492-71145-7
⑤ 2003 年版　金融工学と資本市場の計量分析（高橋　一・池田昌幸編）
　　　　　　　A5 判 192 頁　ISBN4-492-71161-9
⑥ 2006 年版　金融工学と証券市場の計量分析 2006（池田昌幸・津田博史編）
　　　　　　　A5 判 227 頁　ISBN4-492-71171-6
⑦ 2007 年版　非流動性資産の価格付けとリアルオプション
　　　　　　　（津田博史・中妻照雄・山田雄二編）
　　　　　　　A5 判 276 頁　ISBN978-4-254-29009-7
⑧ 2008 年版　ベイズ統計学とファイナンス
　　　　　　　（津田博史・中妻照雄・山田雄二編）
　　　　　　　A5 判 256 頁　ISBN978-4-254-29011-0
⑨ 2009 年版　定量的信用リスク評価とその応用
　　　　　　　（津田博史・中妻照雄・山田雄二編）
　　　　　　　A5 判 240 頁　ISBN978-4-254-29013-4
⑩ 2010 年版　バリュエーション（以下，日本金融・証券計量・工学学会編）
　　　　　　　A5 判 240 頁　ISBN978-4-254-29014-1
⑪ 2011 年版　市場構造分析と新たな資産運用手法
　　　　　　　A5 判 216 頁　ISBN978-4-254-29018-9
⑫ 2012 年版　実証ファイナンスとクオンツ運用
　　　　　　　A5 判 256 頁　ISBN978-4-254-29020-2
⑬ 2013 年版　リスクマネジメント
　　　　　　　A5 判 224 頁　ISBN978-4-254-29022-6
⑭ 2014 年版　ファイナンスとデータ解析
　　　　　　　A5 判 275 頁　ISBN978-4-254-29024-0
　　　　　　　（①〜⑥発行元：東洋経済新報社，⑦〜⑭発行元：朝倉書店）

役員名簿

会長	：津田博史
副会長，和文誌編集長	：中妻照雄
副会長，英文誌編集長	：赤堀次郎
会計担当	：大上慎吾　石井昌宏
広報担当	：伊藤有希　今村悠里
ジャフィー・コロンビア担当	：林　高樹
大会兼フォーラム担当	：塚原英敦　山田雄二　山内浩嗣　石島　博
	新井拓児　室井芳史　荒川研一　大本　隆
	佐藤整尚
法人担当	：門利　剛　吉野貴晶
海外担当	：高橋明彦　斎藤大河
法人化検討担当	：廣中　純
庶務担当	：中川秀敏
監事	：木村　哲　池森俊文
	（2016年2月1日 現在）

　　　　　　　＊　　　＊　　　＊　　　＊　　　＊

『ジャフィー・ジャーナル』編集委員会
　　チーフエディター：中妻照雄
　　アソシエイトエディター：山田雄二　今井潤一

なお，日本金融・証券計量・工学学会については，以下までお問い合わせください：
〒101-8439　東京都千代田区一ツ橋2-1-2　学術総合センタービル8F
　一橋大学大学院国際企業戦略研究科　金融戦略共同研究室内
　ジャフィー事務局
　　　　　TEL：03-4212-3112　　FAX：03-4212-3020
　　　　　E-mail：office@jafee.gr.jp
詳しいことはジャフィー・ホームページをご覧下さい．
　http://www.jafee.gr.jp/

日本金融・証券計量・工学学会（ジャフィー）会則

1. 本学会は，日本金融・証券計量・工学学会と称する．英語名は The Japanese Association of Financial Econometrics & Engineering とする．略称をジャフィー（英語名：JAFEE）とする．本学会の設立趣意は次のとおりである．

    「設立趣意」日本金融・証券計量・工学学会（ジャフィー）は，広い意味での金融資産価格や実際の金融的意思決定に関わる実証的領域を研究対象とし，産学官にわたる多くのこの領域の研究・分析者が自由闊達な意見交換，情報交換，研究交流および研究発表するための学術的組織とする．特に，その設立の基本的な狙いは，フィナンシャル・エンジニアリング，インベストメント・テクノロジー，クウォンツ，理財工学，ポートフォリオ計量分析，ALM，アセット・アロケーション，派生証券分析，ファンダメンタルズ分析等の領域に関係する産学官の研究・分析者が，それぞれの立場から個人ベースでリベラルな相互交流できる場を形成し，それを通じてこの領域を学術的領域として一層発展させ，国際的水準に高めることにある．

    組織は個人会員が基本であり，参加資格はこの領域に興味を持ち，設立趣意に賛同する者とする．運営組織は，リベラルかつ民主的なものとする．

2. 本学会は，設立趣意の目的を達成するために，次の事業を行う．
    (1) 研究発表会（通称，ジャフィー大会），その他学術的会合の開催
    (2) 会員の研究成果の公刊
    (3) その他本学会の目的を達成するための適切な事業
3. 本学会は，個人会員と法人会員からなる．参加資格は，本学会の設立趣旨に賛同するものとする．個人会員は，正会員，学生会員および名誉会員からなる．法人会員は口数で加入し，1法人1部局（機関）2口までとする．
4. 1) 会員は以下の特典を与えられる．

    (1) 日本金融・証券計量・工学学会誌（和文会誌）について，個人正会員は1部無料で配付される．また，法人会員は1口あたり1部を無料で配付される．

    (2) 英文会誌 Asia-Pacific Financial Markets について，個人正会員は電子ジャーナル版へのアクセス権が無料で付与される．また，法人会員は1口あたり冊子体1部を無料で配付される．

(3) 本学会が催す，研究発表会等の国内学術的会合への参加については，以下のように定める．
　　（ア）個人正会員，学生会員，名誉会員とも原則有料とし，その料金は予め会員に通知されるものとする．
　　（イ）法人会員は，研究発表会については1口の場合3名まで，2口の場合5名までが無料で参加できるものとし，それを超える参加者については個人正会員と同額の料金で参加できるものとする．また，研究発表会以外の会合への参加は原則有料とし，その料金は予め会員に通知されるものとする．
　(4) 本学会が催す国際的学術的会合への参加については，個人正会員，学生会員，名誉会員，法人会員とも原則有料とし，その料金は予め個人正会員，学生会員，名誉会員，法人会員に通知されるものとする．
　2) 各種料金については，会計報告によって会員の承認を得るものとする．
5. 学生会員および法人会員は，選挙権および被選挙権をもたない．名誉会員は被選挙権をもたない．
6. 入会にあたっては，入会金およびその年度の会費を納めなければならない．
7. 1) 会員の年会費は以下のように定める．
　(1) 関東地域（東京都，千葉県，茨城県，群馬県，栃木県，埼玉県，山梨県，神奈川県）に連絡先住所がある個人正会員は10,000円とする．
　(2) 上記以外の地域に連絡先住所がある個人正会員は6,000円とする．
　(3) 学生会員は2,500円とする．
　(4) 法人会員の年会費は，1口70,000円，2口は100,000円とする．
　(5) 名誉会員は無料とする．
　2) 入会金は，個人正会員は2,000円，学生会員は500円，法人会員は1口10,000円とする．
　3) 会費を3年以上滞納した者は，退会したものとみなすことがある．会費滞納により退会処分となった者の再入会は，未納分の全納をもって許可する．
8. 正会員であって，本学会もしくは本学界に大きな貢献のあったものは，総会の承認を得て名誉会員とすることができる．その細則は別に定める．
9. 本会に次の役員をおく．
　　会長1名，副会長2名以内，評議員20名，理事若干名，監事2名
　　評議員は原則として学界10名，産業界および官界10名とし，1法人（機関）1部局あたり1名までとする．
10. 会長および評議員は，個人正会員の中から互選する．評議員は，評議員会を組織し

て会務を審議する．
11. 理事は，会長が推薦し，総会が承認する．ただし，会誌編集理事（エディター）は評議員会の承認を得て総会が選出する．理事は会長，副会長とともに第2条に規定する会務を執行する．理事は次の会務の分担をする．
　　庶務，会計，渉外，広報，会誌編集，大会開催，研究報告会のプログラム編成，その他評議員会で必要と議決された事務．
12. 会長は選挙によって定める．会長は，本学会を代表し，評議員会の議長となる．会長は第10条の規定にかかわらず評議員となる．会長は (1) 評議員会の推薦した候補者，(2) 20名以上の個人正会員の推薦を受けた候補者，もしくは (3) その他の個人正会員，の中から選出する．(1) (2) の候補者については，本人の同意を必要とする．(1) (2) の候補者については経歴・業績等の個人情報を公開するものとする．
13. 副会長は，会長が個人正会員より推薦し，総会が承認する．副会長は，評議員会に出席し，会長を補佐する．
14. 監事は，評議員会が会長，副会長，理事以外の個人正会員から選出する．監事は会計監査を行う．
15. 本学会の役員の任期は，原則2年とする．ただし，連続する任期の全期間は会長は4年を超えないものとする．なお，英文会誌編集担当理事（エディター）の任期は附則で定める．
16. 評議員会は，評議員会議長が必要と認めたときに招集する．また，評議員の1/2以上が評議員会の開催を評議員会議長にこれを要求したときは，議長はこれを招集しなければならない．
17. 総会は会長が招集する．通常総会は，年1回開く．評議員会が必要と認めたときは，臨時総会を開くことができる．正会員の1/4以上が，署名によって臨時総会の開催を要求したときは，会長はこれを開催しなければならない．
18. 総会の議決は，出席者の過半数による．
19. 次の事項は，通常総会に提出して承認を受けなければならない．
　　(1) 事業計画および収支予算
　　(2) 事業報告および収支決算
　　(3) 会則に定められた承認事項や決定事項
　　(4) その他評議員会で総会提出が議決された事項
20. 本学会は，会務に関する各種の委員会をおくことができる．各種委員会の運営は，別に定める規定による．
21. 本学会の会計年度は，毎年4月1日に始まり，3月31日に終わる．
22. 本学会の運営に関する細則は別に定める．

23. 本会則の変更は，評議員会の議決を経て，総会が決定する．

附則 1. 英文会誌編集担当理事（エディター・イン・チーフ）の任期は 4 年とする．

　　　改正　　1999 年 8 月 29 日
　　　改正　　2000 年 6 月 30 日
　　　改正　　2008 年 8 月 2 日
　　　改正　　2009 年 1 月 29 日
　　　改正　　2009 年 7 月 29 日
　　　改正　　2009 年 12 月 23 日
　　　改正　　2013 年 1 月 25 日

編集委員略歴

今井潤一（いまい　じゅんいち）
1969 年生まれ
現　在　慶應義塾大学 理工学部 教授，博士（工学）
主　著　『リアル・オプション―投資プロジェクト評価の工学的アプローチ―』，中央経済社，2004 年
『基礎からのコーポレート・ファイナンス』［共著］，中央経済社，2006 年
『コーポレートファイナンスの考え方』［共著］，中央経済社，2013 年

山田雄二（やまだ　ゆうじ）
1969 年生まれ
現　在　筑波大学 ビジネスサイエンス系 教授，博士（工学）
主　著　『チャンスとリスクのマネジメント』（シリーズ〈ビジネスの数理〉2）［共著］，朝倉書店，2006 年
『計算で学ぶファイナンス―MATLAB による実装―』（シリーズ〈ビジネスの数理〉6）［共著］，朝倉書店，2008 年

中妻照雄（なかつま　てるお）
1968 年生まれ
現　在　慶應義塾大学 経済学部 教授，Ph.D.（経済学）
主　著　『入門ベイズ統計学』（ファイナンス・ライブラリー 10），朝倉書店，2007 年
『実践ベイズ統計学』（ファイナンス・ライブラリー 12），朝倉書店，2013 年

ジャフィー・ジャーナル―金融工学と市場計量分析
ファイナンスにおける数値計算手法の新展開　定価はカバーに表示

2016 年 3 月 10 日　初版第 1 刷

編　者　日本金融・証券計量・工学学会
発行者　朝　倉　誠　造
発行所　株式会社　朝　倉　書　店

東京都新宿区新小川町 6-29
郵 便 番 号　162-8707
電　話　03（3260）0141
Ｆ Ａ Ｘ　03（3260）0180
http://www.asakura.co.jp

〈検印省略〉

Ⓒ 2016〈無断複写・転載を禁ず〉　　　　中央印刷・渡辺製本

ISBN 978-4-254-29025-7　C 3050　　　Printed in Japan

JCOPY　＜(社)出版者著作権管理機構 委託出版物＞
本書の無断複写は著作権法上での例外を除き禁じられています．複写される場合は，そのつど事前に，(社) 出版者著作権管理機構（電話 03-3513-6969，FAX 03-3513-6979，e-mail: info@jcopy.or.jp）の許諾を得てください．

◆ ジャフィー・ジャーナル：金融工学と市場計量分析 ◆
日本金融・証券計量・工学学会(JAFEE)編集の年刊ジャーナル

同志社大 津田博史・慶大 中妻照雄・筑波大 山田雄二編
ジャフィー・ジャーナル：金融工学と市場計量分析
非流動性資産の価格付けと リアルオプション
29009-7 C3050　　　A 5 判 276頁 本体5200円
〔内容〕代替的な環境政策の選択／無形資産価値評価／資源開発プロジェクトの事業価値評価／冬季気温リスク・スワップ／気温オプションの価格付け／風力デリバティブ／多期間最適ポートフォリオ／拡張Mertonモデル／株式市場の風見鶏効果

同志社大 津田博史・慶大 中妻照雄・筑波大 山田雄二編
ジャフィー・ジャーナル：金融工学と市場計量分析
ベイズ統計学とファイナンス
29011-0 C3050　　　A 5 判 256頁 本体4200円
〔内容〕階層ベイズモデルによる社債格付分析／外国債券投資の有効性／株式市場におけるブル・ベア相場の日次データ分析／レジーム・スイッチング不動産価格評価モデル／企業の資源開発事業の統合リスク評価／債務担保証券(CDO)の価格予測

同志社大 津田博史・慶大 中妻照雄・筑波大 山田雄二編
ジャフィー・ジャーナル：金融工学と市場計量分析
定量的信用リスク評価とその応用
29013-4 C3050　　　A 5 判 240頁 本体3800円
〔内容〕スコアリングモデルのチューニング／格付予測評価指標と重み付き最適化／小企業向けスコアリングモデルにおける業歴の有効性／中小企業CLOのデフォルト依存関係／信用リスクのデルタヘッジ／我が国におけるブル・ベア市場の区別

日本金融・証券計量・工学学会編
ジャフィー・ジャーナル：金融工学と市場計量分析
バリュエーション
29014-1 C3050　　　A 5 判 240頁 本体3800円
〔内容〕資本コスト決定要因と投資戦略への応用／構造モデルによるクレジット・スプレッド／マネジメントの価値創造力とM&Aの評価／銀行の流動性預金残高と満期の推定モデル／不動産価格の統計モデルと実証／教育ローンの信用リスク

日本金融・証券計量・工学学会編
ジャフィー・ジャーナル：金融工学と市場計量分析
市場構造分析と新たな資産運用手法
29018-9 C3050　　　A 5 判 212頁 本体3600円
市場のミクロ構造を分析し資産運用の新手法を模索〔内容〕商品先物価格の実証分析／M&Aの債権市場への影響／株式リターン分布の歪み／共和分性による最適ペアトレード／効用無差別価格による事業価値評価／投資法人債の信用リスク評価

日本金融・証券計量・工学学会編
ジャフィー・ジャーナル：金融工学と市場計量分析
実証ファイナンスとクオンツ運用
29020-2 C3050　　　A 5 判 256頁 本体4000円
コーポレートファイナンスの実証研究を特集〔内容〕英文経済レポートのテキストマイニングと長期市場分析／売買コストを考慮した市場急変に対応する日本株式運用モデル／株式市場の状態とウィーナーポートフォリオのポジティブリターン／他

日本金融・証券計量・工学学会編
ジャフィー・ジャーナル：金融工学と市場計量分析
リスクマネジメント
29022-6 C3050　　　A 5 判 224頁 本体3800円
様々な企業のリスクマネジメントを特集〔内容〕I-共変動と個別資産超過リスクプレミアム／格付推移強度モデルと信用ポートフォリオ／CDS市場のリストラクチャリングプレミアム／カウンターパーティーリスク管理／VaR・ESの計測精度／他

日本金融・証券計量・工学学会編
ジャフィー・ジャーナル：金融工学と市場計量分析
ファイナンスとデータ解析
29024-0 C3050　　　A 5 判 288頁 本体4600円
〔内容〕一般化加法モデルを用いたJEPX時間帯価格予測と入札量／業種間の異質性を考慮した企業格付評価／大規模決算書データに対するk-NN法による欠損値補完／米国市場におけるアメリカンオプションの価格評価分析／他

P. スウィーティング著　明大 松山直樹訳者代表
フィナンシャルERM
—金融・保険の統合的リスク管理—
29021-9 C3050　　　A 5 判 500頁 本体8600円
組織の全体的リスク管理を扱うアクチュアリーの基礎を定量的に解説〔内容〕序説／金融機関の種類／利害関係者／内部環境／外部環境／プロセスの概観／リスクの定義／リスクの特定／有用な統計量／確率分布／モデル化技法／極値論／他

上記価格(税別)は2016年2月現在